高端产业集聚、经济高质量发展与天津税收竞争力提升研究，
天津市哲学社会科学规划重点项目，2020年，项目编号：TJYJ20XSX-024

京津冀科技创新与协同的财税政策研究

陈旭东 王誉 著

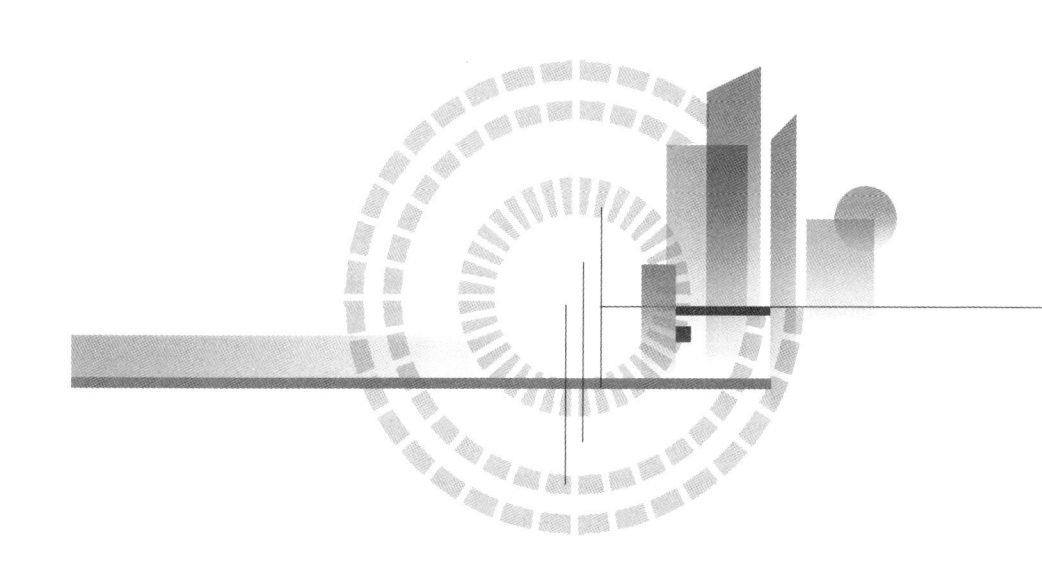

中国财经出版传媒集团
经济科学出版社
Economic Science Press

图书在版编目（CIP）数据

京津冀科技创新与协同的财税政策研究/陈旭东，王誉著. --北京：经济科学出版社，2021.11
ISBN 978-7-5218-3160-3

Ⅰ.①京… Ⅱ.①陈…②王… Ⅲ.①技术革新-研究-华北地区②税收管理-财政政策-研究-华北地区 Ⅳ.①F124.3②F812.72

中国版本图书馆 CIP 数据核字（2021）第 261576 号

责任编辑：王　娟　徐汇宽
责任校对：李　建
责任印制：张佳裕

京津冀科技创新与协同的财税政策研究
陈旭东　王　誉　著
经济科学出版社出版、发行　新华书店经销
社址：北京市海淀区阜成路甲 28 号　邮编：100142
总编部电话：010-88191217　发行部电话：010-88191522
网址：www.esp.com.cn
电子邮箱：esp@esp.com.cn
天猫网店：经济科学出版社旗舰店
网址：http://jjkxcbs.tmall.com
北京季蜂印刷有限公司印装
710×1000　16 开　10 印张　190000 字
2022 年 9 月第 1 版　2022 年 9 月第 1 次印刷
ISBN 978-7-5218-3160-3　定价：45.00 元
（图书出现印装问题，本社负责调换。电话：010-88191510）
（版权所有　侵权必究　打击盗版　举报热线：010-88191661
QQ：2242791300　营销中心电话：010-88191537
电子邮箱：dbts@esp.com.cn）

前　言

　　党的十九大报告指出，我国经济已由高速增长阶段转向高质量发展阶段。创新是高质量发展的动力源泉，必须充分发挥科技创新在高质量发展中的支撑引领作用。对原有区域发展战略进行丰富和完善，着重强调在继续实施区域发展战略基础上建立高效的区域协调发展体制机制，跨区域协同治理正在成为各地区政府的共同诉求，区域政府共同治理结构逐渐形成。同时，伴随着协同治理理论在我国的展开与运用，跨区域协作治理也逐渐成为政府间合作的一种新型治理模式。京津冀协同发展已然成为地方政府合作治理的典型，也成为了我国推动区域发展、创新发展模式新的增长极。自2014年2月开始，京津冀协同发展战略已上升到国家重大战略高度，并不断完善顶层设计，主要包括颁布《京津冀协同发展规划纲要》，为京津冀协同发展成立专门领导小组，设立税收合作框架协议等。2017年4月，雄安新区设立，标志协同发展进入更高层次发展阶段。2017年10月，党的十九大报告指出，要强化统一领导，构建一体化国家战略体系和能力。即在党中央强有力的领导下，实现经济建设的统筹谋划、整体推进和一体运用，建立健全跨领域、跨区域治理的制度机制和工作模式，推进国家发展治理现代化。由此，跨区域协同治理正在成为各地区政府的共同诉求，区域政府共同治理结构逐渐形成，京津冀协同发展战略高度进一步提升。科技园区作为驱动创新发展的关键引擎，在跨区域政府间合作中扮演着重要角色，同时也是京津冀协同发展战略实施过程中的重要抓手，科技园区的合作有助于促进科技资源共享，提升科技竞争力。自协同战略实施以来，三地政府在园区合作方面持续发力，在政策协同、产业合作、创新合力等方面全力推进协同治理，对三地间开展科技合作活动和资源配置予以高度重视。随着2015年中央财经领导小组第九次会议提出完善疏解非首都功能政策体系，党的十九届四中全会进一步提出要坚持和完善中国特色社会主义行政体制，构建职责明确、依法行政的政府治理体系。政府治理体系的完善有利于国家治理体系的健全，政府治理效能的提升进而影响到国家治理能力的现代化水平。在国家治理体系和政府治理效能尚未达到现代化水准之前，区域一体化发展仍然在摸索中前进，许多历史和新生性问题不断叠加产生，阻碍了协同发展的有序推进。于是政府协同治理新模式成为解决区域公共事务的重要抓手，更是实现区域共同繁荣的有效途径。近年来，国家高度重视京津冀协同发展战略的实施，着重强调政府协同治理的重要性，我国跨区域协同治理迈向新征程。

2021年正值京津冀协同发展战略实施8周年之际，也是《京津冀协同发展规划纲要》阶段性成果检验之时。在这不平凡的8年中，三地协同发展在产业链对接、协同创新等方面都交出了令人满意的答卷，"十三五"时期提出协同发展的主要任务也全面完成。但事实上三地政府间的合作仍属于较为一般水平的合作治理，尚缺乏有效协同机制，三地政府协同治理动力不足等问题使京津冀协同发展仍需继续解放思想，开拓创新。要解决这些问题，首先要有好的政策环境引导，宏观调控的重要工具中财税政策发挥至关重要的作用，具有优化资源配置、促进劳动力有序流动、影响区域内企业投资及技术投入的作用，对促进产业转移、缓解北京"大城市病"、带动周边地区经济发展有诸多好处，于是在创新协同战略背景下，对京津冀三地财税政策提出了更高的要求。

一、本书研究的主要内容

京津冀科技创新与协同发展是促进京津冀三地科技与经济结合发展的重要举措，三地内创新资源、人才的配置是否合理，能否有效转化为创新产出，科技资源的流动和共享方面是否做到协调一致等问题的出现，对三地政府间协同治理提出了挑战，同时也阻碍了京津冀区域整体创新水平和区域竞争力的提升。由此本书拟从以下五个方面进行研究。

第一，京津冀科技创新与协同的现状分析。通过对三地科技人力资源配置情况、财力资源投入配置情况进行调查研究，对三地科技创新载体的配置情况进行横向和纵向的比较分析，并对三地近年来的企业创新投入及产出情况进行总结分析。

第二，京津冀科技创新与协同存在问题及原因分析。通过之前的调研积累以及分析研究发现三地技术创新平台及成果转化平台的建立情况较好，但三地科技平台合作机制有待进一步完善；三地科技合作共享资源已初见成效，但需要进一步提高三地科技合作资源的广度；三地科技人才共享制度建立取得了进展，但需进一步完善人才培养机制以及激励人才跨区域流动。

第三，京津冀科技创新与协同的财政支出政策及税收优惠。从财政支出政策视角分析三地在科技创新协同中存在的问题及原因，发现财政科技资金管理模式与投入方式不够合理、投入结构有待优化、投入绩效评价制度有待完善、针对科技创新的基层理财意识和管理理念有待提升四方面问题。从税收优惠的视角分析三地在科技创新协同中存在的问题及原因，发现顶层设计不够合理、税收政策存在局限性、税收征收管理政策有待优化等三方面问题。

第四，对科技园区创新协同协同度的客观评价。在此基础上合理调整创新能力资源的投入和产出，深化区域创新协同治理，对京津冀三地政府制定科学合理的科技园区创新能力提高政策，推进跨区域政府合作，促进区域经济发展具有重要的意义。

第五，推进京津冀科技创新与协同的建议。根据调研情况提出促进京津冀科技创新与协同发展的对策建议，在建立京津冀三地区域合作机制的基础上促进要素一体化的财税政策，整合三地财税、金融等手段推进创新体系建设。

二、本书研究的理论与实践意义

第一，为完善京津冀科技协同研究提供理论支持。从科技创新、协同及协同理论相关概念、区域科技协同的机制及模式、区域科技协同对区域经济发展的重要性的概念进行分析，随后对区域治理相关理论中协同治理理论、区域创新理论、增长极理论、不平衡增长理论、梯度推移理论以及财税政策与京津冀协同发展中财税政策纠正市场失灵、财税政策促进京津冀协同的作用机制等理论展开，本书拟对以上理论进行梳理完善。

第二，对当前京津冀科技创新与协同的财税政策进行评价。区域科技创新与协同中，财税政策的评价是创新协同研究的主要内容。为衡量京津冀三地科技协同创新水平，本书将厘清当前三地科技创新与协同发展中科技财税政策问题，为进行区域科技创新与协同研究提供一定基础。

第三，提供典型区域科技合作案例。区域科技合作的案例研究将有助于更加全面透彻地了解三地科技合作的现状以及分析问题，通过调研不仅将对京津冀地区的区域合作案例进行探析，同样将参考借鉴全国典型的科技合作案例，为完善京津冀科技合作提供可参考的案例借鉴。

第四，为政府制定相关政策提供参考。本书通过发展现状以及绩效评价得出京津冀地区科技协同创新发展水平及差距，发现三地间区域科技协同创新存在问题，同时依据影响的关键要素给出针对性的政策建议，以方便相关部门作为参考出台相应的政策措施，加快三地科技创新与协同创新建设的步伐。

写作分工如下：全书基于天津财经大学财税与公共管理学院陈旭东教授所带领的研究团队经数次调研、讨论的基础上所得，前言部分和全书框架由陈旭东教授拟定，第1章（王誉、赵苒琳、靳彤），第2章（王誉、王江洋、靳彤），第3

章（王誉、李璟），第4章（王誉），第5章（王誉），第6章（王誉、李思梦），第7章（王誉、王江洋），陈旭东教授全程指导并统稿。

应当说，本书是研究团队深入研究京津冀科技创新与协同的财税政策的一次探索和一个开端，但以这样一本书概括总结京津冀科技创新与协同发展，很难做到周全，错漏在所难免，团队诚恳地期待着来自广大读者的批评指正。

目 录

第1章 导论 1
   1.1 研究背景、目的及意义 1
   1.2 国内外相关研究综述 6
   1.3 研究思路、方法及创新之处 18

第2章 京津冀科技创新与协同的基本概念与现状分析 22
   2.1 相关概念界定与理论基础 22
   2.2 跨区域政府协同与科技园区协同发展互动机制 30
   2.3 京津冀三地科技创新与协同发展现状 32
   2.4 京津冀三地科技创新与协同评析 42
   2.5 京津冀三地科技创新与协同发展的未来方向 47

第3章 京津冀科技创新与协同中存在的问题及原因分析 49
   3.1 存在的问题 49
   3.2 原因分析 54

第4章 促进京津冀科技创新与协同的财政政策 61
   4.1 科技创新与区域协同的财政支出界定 61
   4.2 促进京津冀科技创新与协同的财政支出政策分类 68
   4.3 当前财政科技支出政策存在问题及原因分析 76

第5章 促进京津冀科技创新与协同的税收优惠 80
   5.1 科技创新与区域协同的税收激励政策 80
   5.2 当前税收政策积极效应及国内外税收政策借鉴 84
   5.3 当前税收政策存在的问题及原因分析 95

第6章 京津冀科技园区创新能力与协同效应 ················ 102
  6.1 京津冀科技园区创新能力与协同发展现状 ············· 102
  6.2 京津冀国家级科技园区创新协同度评价模型构建 ······· 112
  6.3 京津冀国家级科技园区创新协同度测算与评价 ········· 115
  6.4 京津冀科技园区创新与协同发展存在的问题及原因分析 ··· 118

第7章 促进京津冀科技创新与协同的建议 ················ 124
  7.1 创新政府间合作机制，优化区域创新环境 ············· 124
  7.2 打破思维定式，扫除协同治理障碍 ··················· 127
  7.3 构建区域创新链，带动完善区域布局 ················· 130
  7.4 完善税收政策，促进政务服务联动 ··················· 133

参考文献 ··· 137
后记 ··· 149

第1章

导　论

1.1　研究背景、目的及意义

1.1.1　研究背景

20世纪80年代伊始，我国相关部门就围绕京津冀三地合作发展等问题进行了许多探索与研究，也在发展政策上给予了一些指导，但基于京津冀三地不同的政治地位、经济实力、地理环境、思想观念、历史沿革等多方面原因，使得京津冀三地的发展主要依靠北京的首都地位，形成以北京为中心的发展模式。同时，京津冀三地各自专注于自身行政区的发展，致使区域经济发展、产业结构和分工，特别是经济协同发展等方面存在步调不一致的现象。2004年，国家将京津冀区域创新与协同发展作为关注重点，初步形成"廊坊共识"使得京津冀区域协同发展迈向了一个新台阶。此后京津冀三地政府开始加强引导区域间在资源、环境、设施配套、行业等各个层面的沟通协作，以政策引领京津冀三地实现经济共赢，提高京津冀区域的整体综合竞争力。2010年，《京津冀都市圈区域规划》上报国务院，对京津冀创新与协同发展相关事宜又做了重新的调整和布局。习近平总书记高度关注京津冀的创新与协同发展工作，在创新与协同发展层面给出指导性意见。2014年2月，习近平总书记在北京主持召开座谈会，专题听取京津冀协同发展汇报，并就推进京津冀协同发展提出七点要求，明确将实现京津冀协同发展作为重大国家战略。自此，京津冀创新与协同发展进入一个新的发展阶段。2016年2月，《"十三五"时期京津冀国民经济和社会发展规划》颁布实施，明确三地区在未来五年的发展目标，谋划了产业转型升级、加快建设重大基础设施等共九方面的重大布局，这不仅对促进京津冀创新与协同发展具有至关重要的作用,也是促进三地协同的制度保障。2019年1月,习近平总书记在京津冀调研,并在京津冀创新与协同发展座谈会上对三地提出了更高的要求,要紧紧抓住"牛鼻子"形成发展合力。

党的十八届五中全会明确指出必须将"创新"作为区域发展和改革的中心,而一个国家创新体系建设和完善的核心要素是提高科技发展水平。这为发展科技强国、现代强国提供了基本保障。京津冀在国家经济发展中占据重要的经济地位与战略地位,位列国内经济发展前沿,三地的经济发展产出了大量的技术创新成果,高科技人才等创新资源充沛,整体经济发展资源雄厚。2013年京津冀协同创新指数达到16.18,2018年京津冀协同创新指数提升至80.99,短短六年的时间数据增长四倍,这些都揭示了京津冀协同创新工作成果。其中,2013年京津冀协同创新能力指标达到3.01,发展至2018年提升至15.11;2013年京津冀创新环境指标为0.64,发展至2018年提升至18.05。综合其他指标进一步分析,如北京市协同创新指数在2013年仅为59.96,2018年提升至86.24,与其他两个地区相比增强最为显著,也从侧面反映了科技创新协同成果显著。2013年天津市协同创新指数达到33.07,发展至2018年已经接近36.96;2013年河北省协同创新指数仅为7.81,发展至2018年提升到19.88,这些数据都说明了京津冀协同创新成果显著[①]。从人力资源层面来说,京津冀地区拥有接近三成的国内名校,聚集了半数以上的两院院士。京津冀地区的科技创新在国家综合科技发展方面发挥着不可替代的关键作用,已经发展为国家关键的科技创新发展核心和经济发展源。

随着京津冀协同发展的深入推进,政府协同治理作为一种治理新模式,在解决区域问题、加快协同发展方面发挥出重要作用。党的十九大明确提出区域协调发展战略,要以疏解北京非首都功能为"牛鼻子",助力京津冀协同发展。为了走出一条科学发展的协同之路,习近平总书记提出了一系列协同治理新思路:强化跨区域协同治理思想,营造利益共享氛围;加强协同改革力度,发挥政府引导作用,创新协同治理新模式。近年来,京津冀三地政府全方位通力合作,实现科技创新协同的目标。但因其他客观因素影响在发展中依然存在问题,如何保障京津冀协同发展成果,稳步推进京津冀协同发展战略,解决协同治理矛盾,这是值得研究的。实现跨区域合作,提高协同治理,营造一体化营商环境,争取实现京津冀协同发展目标。以京津冀经济发展整体化为着力点,大力推动国家创新驱动的经济发展战略在京津冀的全面落实,使其成为国家经济发展的新引擎。因此,如何实现三地科技资源共享、发挥科技能力优势、提高科技创新与协同程度已成

---

① 《京津冀协同创新指数(2020)》发布协同创新指数5年增长4倍多[EB/OL].(2021-01-15)[2021-03-06].http://www.beijing.gov.cn/ywdt/zwzt/jjjyth/zxxxi/202101/t20210115_2220317.html.

为京津冀区域现阶段亟待解决的问题。科学的财税体制是优化资源配置、维护市场统一、促进社会公平、实现国家长治久安的制度保障。聚焦创新驱动发展战略，大力支持京津冀协同发展，财政投入应持续增加，尤其中央财政应持续加强对基础研究、国家战略科技力量、关键技术攻关的支持。税务部门应完善和落实覆盖企业成长和创新全生命周期的税收政策支持体系，调动社会各方面力量参与科技创新的积极性。同时，持续挖潜税收大数据优势，为三地区域创新发展、优化产业链供应链布局提供数据支撑。

1.1.2 研究目的

在中国特色社会主义进入新时代的背景下，党的十九届四中全会首次明确提出"坚持和完善中国特色社会主义制度、推进国家治理体系和治理能力现代化"的总体目标，政府治理是国家治理的重要组成部分。政府治理体系的完善有利于国家治理体系的健全，政府治理效能的提升影响到国家治理能力的现代化水平。在国家治理体系和政府治理效能尚未达到现代化水准之前，区域一体化发展仍然在摸索中前进，许多历史和新生性问题不断叠加产生，阻碍了协同发展的有序推进。政府协同治理新模式成为解决区域公共事务的重要抓手，是实现区域共同繁荣的有效途径。近年来，随着《京津冀协同发展规划纲要》的出台，国家高度重视京津冀协同发展战略的实施，着重强调政府协同治理的重要性，我国已逐步迈向跨区域协同治理的新征程。

在京津冀科技创新与协同驱动的大背景下，北京和天津两大直辖市具有丰富的科技资源和创新要素。近年来，作为京津冀协同创新共同体核心引擎的北京创建了国际科技创新中心计划，并对此投入大量资源，初步形成创新成果。之所以建设国际科技创新中心，其最终目标不仅仅要提高北京自身创新能力，更要发挥北京在不同空间层次的辐射带动作用，特别是在京津冀区域内实现协同创新和共同发展。再观天津的"一基地三区"定位，打造全国先进制造研发基地，其科技实力也具有相对优势。同时，京津冀三地科技创新水平和层次的差异性为三地科技合作与共赢创造了很好的基础性条件，也是推进京津冀三地创新驱动发展的重大使命，这是本书聚焦京津冀科技创新与协同问题研究的根本目的所在。

从国家层面考虑，纵观中国的科技发展历史可知，区域科技创新与协同在科技经济发展中发挥关键作用，国家科技发展的必经环节是科技创新与协同，国家科技实力增强的关键是科技创新与协同，国家科技步入国际发展前列的坚实基础是科技创新与协同。当代国际一流科技进步日新月异，科技创新与协同在国家发展中的作用日益凸显，如增强科研水平、强化技术研发、加强区域合作等，这些都是实现加快科技发展与增强国家综合实力的必由之路。天津市具备完善的科技成果应用能力和科技创新水平，特别是科技型中小企业发展极其迅速，成为天津科技创新亮点。河北省处于京畿要枢位置，为天津与北京提供资源要素，从而起到反哺京津的作用。同时，天津的先进制造业也为承接北京科技创新成果的转化提供了广阔的空间。因此，通过剖析京津冀三地科技创新与协同的良性机制，总结区域科技创新与协同的经验，为全国各城市间科技创新和产业协同发挥示范效应是本书研究的重要目的之一。

从地方城市群视角考虑，城镇化作为城市群进化后的形态，也是一个国家经济和创新活动的主要空间载体。从全球规律来看，随着技术革命与产业分工的日益复杂化，以中心城市为核心，不同城市通过紧密联系、分工合作，形成复杂的区域创新网络是当下城市群创新的一般规律。在中国创建的京津冀、长三角、粤港澳大湾区，见证了三大城市群创新活动高密度集聚的发展历史。中心城市作为城市创新源泉，集聚了丰富的人才、资本、高校等创新资源，处于整个城市群创新价值链的顶端。城市群的发展是一个动态过程，早期中心城市凭借先天的资源优势不断吸引其他地区的创新要素流入，形成很强的集聚效应，城市规模和经济实力不断扩大，成为城市群中产业最发达、创新最活跃的地区。中心城市不断将自身最先进的技术、知识以及产品溢出到周边地区，但中心城市的扩张并不是无限的，当城市规模超过一定限度后，开始出现各种各样的大城市病，如房价过高、交通堵塞、环境污染等，大大提高中心城市的创新成本，中心城市需要将部分创新功能分散出去。而此时，外围的中小城市接收到中心城市的产业、人口、资金等的转移与溢出，开始加快发展。随着区域一体化的进程加快，中心城市与其他城市就会形成创新的分工与协同，这时城市间溢出不再是单向的，而是逐渐形成了复杂的创新网络。本书根据《京津冀协同发展规划纲要》规划，通过研究京津冀三地科技创新与协同当前现状和存在的不足，总结出三地科技创新与协同问题存在的原因及差距，并依据影响的关键要素给出针对性的财税政策建议，以方便京津冀三地相关政府部门作为参考，出台相应的财税政策措施，加快三地科技协同创新建设的步伐。可以说，京津冀三地科技创新与协同中，合作具有 1+1+1>3 的溢出效应，最终目的是有效推动三地科技创新与协同合作，提升京津冀整体科技创新与协同水平。

1.1.3 研究意义

1.1.3.1 理论层面

一是丰富了区域科技创新与协同理论的研究。当前，世界各国学者在区域协同情况评价的研究方面仍处于探索阶段。因此，本书基于京津冀三地科技协同的大背景下，结合现有国内外学者先进理论的基础上，对京津冀三地的科技创新与协同状态加以判定，融合区域科技创新与区域协同理论、区域产业数字化和智能化市场需求，为化解京津冀科技创新与协同不足给出合理化意见，促使我国区域协同理论层面的研究进一步深入。二是为另外的区域科技协同给出可供参考的意见。目前，我国区域经济发展致力于对区域一体化进程情况加以探索分析，从前沿实践看，新型创新区的规划和建设重点在于网络空间，尤其是对网络空间产业生态的培育和完善。对于物理空间的选择而言，不应选择传统的工业园区，应当选择基础配套设施更加高端的中心城市区。新型创新区政策制定的重心不再是简单的招商引资，而是构建以"双创"为导向的创新创业环境。在这样宽松的发展环境中，加强区域经济创新与协同特别是开展科技创新合作的探索已迫在眉睫，从对区域产业数字化和智能化需求的积极响应出发制定数字经济策略，加快区域经济转型升级。通过研究长三角区域的协同状态，对比其他国家科技协同的做法，掌握京津冀三地在开展科技创新合作推进过程中的优势和不足，为京津冀三地科技创新与协同程度的提高增加动力，推动京津冀协同发展，实现科技创新目标，对本书具有重要理论价值。

1.1.3.2 实践层面

一是基于京津冀科技创新协同研究具有实践性，三地协同集中优势是提高国家经济实力的重要因素，也是提升中国在国际上的竞争能力的重要因素。二是京津冀三地的创新协同程度决定了京津冀区域科技创新发展之路能走多远，更是促进京津冀协同发展亟需化解的关键课题，只有以研究京津冀三地科技要素以及协同情况为基础，才能从根本上为京津冀协同发展战略提供保障性举措。财税政策作为国家宏观调控的重要手段，如何发挥其在京津冀科技创新与协同中的调控与引导作用，值得研究。三是针对京津冀科技园区的分析，有利于创新资源、知识产品以及人才的跨区域流动，促进区域协调发展。京津冀地区承担着建设世界级先进城市群、科技创新中心等重大使命，近年来三地政府在人才交流、产业合作等多方面都进行了跨区域协同治理的尝试，虽取得了很大的成效但同时也暴露出很多三地存在的区域性问题和挑战，如在环境治理、科技成果转化、科技资源配置方面还存在不协调不一致的问题，在很大程度上阻碍了京津冀跨区域政府治理的步伐，制约了三地创新能力的提升。四是相关部门公开2021年《中国新一代人工智能科技产业区域竞争力评价指数报告》，该报告中列举了人工智能科技产业的发展态势，其中北京位列第一。在连续四年发布的报告中，前三年（2018年~2020年）京津冀地区产业竞争力综合评分排名都是第一。在"十四五"期间，京津冀区域协同发展的新方向是基于数字经济发展，规划建设具有全球竞争力的数字经济产业集群。在数字经济发展上，北京具有技术创新和平台经济优势，天津和河北则具有应用场景优势。如何通过京津冀协同，加快应用场景开放，实现核心产业部门和融合产业部门创新循环，是建设具有全球竞争力的数字经济产业集群的关键，也是京津冀区域协同发展的新方向。

因此，尽快建成京津冀共同体，从财税政策角度促使三地政府打破行政壁垒、优化资源配置、加速要素流动，实现创新资源流动和协同创新，最终真正实现京津冀跨区域的协同治理是具有极大现实意义的。同时，作者长期在政府科技部门一线工作，之前负责天津市科技型企业认定管理、国家级科技型中小企业评价入库工作，现负责整合科技成果转化、科技载体、科技型企业等相关政策，出台配套文件等工作。因此，本书在公共管理专业及相关业务知识学习的基础上，借鉴国内外先进经验，并从统计学角度分析大量统计年鉴收集到的数据，了解目前京津冀科技创新与协同状态、发现问题并进行原因分析，提出针对性对策建议，为京津冀制定科学发展决策提供依据，也为实施京津冀协同措施提供新思路。

1.2　国内外相关研究综述

1.2.1　国外研究综述

国外对协同治理和协同创新的研究由来已久。在科技创新与协同层面，国外学者更为重视构建完整的创新与协同治理理论体系，成果主要集中在财税政策支持科技创新与促进区域协同发展的研究、区域创新体系的研究、科技创新对区域经济发展的影响、区域科技协同创新影响因素研究以及政府治理效能等方面。

1.2.1.1　关于财税政策支持科技创新发展的研究

此类研究从政府宏观干预市场，弥补市场失灵角度展开，设计财税政策推进企业技术创新。如奉行新熊彼特主义的学者克里斯托弗·弗里曼（Christopher Freeman，1987）总结了政府制定的财税政策对地区技术创新具有积极影响，为此应当建立完善的公共政策创新体系以保证持续输出创新成果。多米尼克等（Dominique et al.，2001）从政府投入、企业投入两个方面分析投入对科技成果转化的影响。在企业科技创新研发中，政府通过优惠政策和直接财政资金补贴，可推进企业的研发投入。

关于财税政策促进区域协同发展的研究起源于20世纪90年代，国外学者围绕区域协同发展展开丰富研究，如罗默（Romer，1986，1990）、卢卡斯（Lucas，1985）、巴罗（Barro，1990，1992）联合提出"内生增长理论"，揭示了国家经济发展与创新、技术进步以及人力资本等存在的关联。这些因素对于国家财税政策反应敏感的内生变量有影响，利用税收收入贡献率衡量各地区经济发展程度。由此来看，税负是影响区域经济发展的重要因素，降低税负和扩大税基是经济发展的两大法宝。新经济地理学则从税收竞争的角度分析了税收政策对区域经济发展的影响，鲍尔温等（Baldwin et al.，2003）总结了不对称区域税收竞争与对称区域税收竞争，并总结了税收存在会产生区域效应，区域效应的产生与地区产业分布有关系。

1.2.1.2 关于区域创新体系的研究

起步于20世纪，最早是由著名物理学家哈肯（Haken，1977）提出，将不同创新主体通过开展协同创新使复杂、多元、开放的系统中的子系统相互作用，最终产生整体效应，通过区域之间相互协作、相互影响建立良好创新环境。埃德奎斯特（Edquist，1997）将创新系统定义为：是由一些影响创新发展、技术扩散及应用的各种重要的创新主体或组织以及相互关联的创新要素所构成。随后，杰夫（Jaffe，1998）开展相关理论探索并分别提出了理论观点，区域创新体系是以技术发展与应用为中心形成的技术拓展体系。德洛克斯（Doloreux，2002）认为区域创新关键环节就是"嵌入"（Embeddedness）并对该概念进行分析。特美拉（Temela，2001）、卡瓦（Kavita，2003）在赞同前者观点之上指出，区域创新体系是以技术发展与应用为中心的技术扩散体系。

其他国家的学者与研究组织在研究区域创新体系时，对指定区域目标的创新发展进程更为关注。萨比尼昂（Saxenian，1994）对硅谷与128公路间的创新网络及创新水平进行了重点分析。阿谢姆（Asheim，1997）系统研究了欧洲地区的创新战略与发展空间；卡尔森（Carlsson，2002）对阿尔卑与莱茵区域的创新背景和发展前景加以研究。库克（Cooke，2008）指出，将区域创新系统作为一个区域性的组织体系，其主要依托企业、高校以及科研院所等中介机构之间的协助合作。包括以下几个特性：（1）一个区域地理概念；（2）一种创新载体网络；（3）一些制度性安排主导。马莱茨基（Malecki，1982）基于美国1965~1977年大都市区的政府R&D经费支出布局，发现政府经费支出主要集中于少数聚集区。

1.2.1.3 关于科技创新对区域经济发展影响的研究

库克（Cooke，1998）提出，科技创新的实用性可区分为四种：一是要素聚集作用；二是产业连锁作用；三是创新主体协同作用；四是创新机构网络作用。莫尔文等（Malmberg et al.，1997）深入分析区域产业聚集，并解释其定义、形成机理，产业聚集后会形成网络演进。当然也有学者对此并不认同，波特（Porter，2000）认为产业聚集的研究应该放在网络外部性上，而不是产业集聚经济本身。卡瓦（Kivta，2001）的研究显示，影响科技创新能力提升最核心的因素是创新环境情况和基础设施、创新投入与产出情况。康诺利（Connolly，2003）重点研究了美国科技创新水平受高科技人才与产业开发的投入以及高科技知识普及范围等的影响情况。贝兰迪（Bellandim，2010）研究创新的基础理论，从定义、创新驱动等角度整合创新发展进程。安娜（Anna，2016）在更广泛的技术范围内研究协同合作倾向性及新融合正相关模型。

1.2.1.4 关于区域科技协同创新影响因素的研究

一方面，多数国外学者注重用定量研究和实证分析来探究区域协同创新能力。影响区域创新能力因素的研究中，波特等（Porter et al.，2000）建立了生产函数并测算出创新体制、创新投入和创新环境三个影响区域创新能力关键因素。平托等（Pinto et al.，2010）通过因子分析和层次分析测算了欧盟175个地区的创新能力，又提出了就业、技术革新、人才资源、经济结构四个方面的影响因素。另一方面，在国外的研究中缺乏对政府在跨区域协同创新中的作用，只有少数学者较为关注政府在跨区域协同创新中的作用和角色问题。库克（2009）提出一种以制度性、合作性学习为特征的文化形式能够带来创新的进步，公共政策作为加强学习型经济的基础设施，支持社会与经济之间的联系。卡乔拉蒂等（Cacciolatti et al.，2015）引入中国30个省市地区为样本，分析了区域协同创新的成果，并总结了创新效应合作模式，在四大合作模式中最优效果的是政府干预。

政治学和行政学研究的重点为提高政府行政的效率水平，如何通过合理配置资源并减少资源浪费来达成行政目的，最终提升民众对政府行政行为的满意度和获得感。随后，国外学者主要从影响因素和提升路径等方面进行具体研究。安德鲁斯等（Andrews et al.，2005）通过研究影响政府治理效能的外部因素，发现其高低会受到外界管理制度、社会复杂性和经济整体发展水平的干预。加内特等（Garnett et al.，2010）通过对内部影响因素的研究得出，政府间以及政府和市场主体间的沟通是影响政府治理效能的关键因素。哈林等（Harring et al.，2016）认为对政府人员进行及时有效的监督，是影响政府治理效能高低的关键点。杨等（Yang et al.，2007）通过构建政府绩效评价有效性理论模型，为政府治理效能提升提供方向指引。对政府协同治理效能主要从影响因素和应用领域两方面进行研究。沙利文等（Sullivan et al.，2012）认为政府协同治理目标的实现会受到组织效率、科技水平和文化氛围的影响。国外早期的政府协同治理主要应用于政府对社会组织的引导、协调联邦政府与州政府间关系等方面，而奥斯皮纳等（Ospina et al.，2017）提到，现如今政府协同治理更多研究政府间政策网络的信息共享以及集体问题的解决，阿兰特斯等（Arantes et al.，2019）强调其研究不仅局限于环境治理、危机处理等公共领域，而且广泛应用于日常事务的管理。

穆拉尔特等（Moulaert et al.，2003）梳理了近十年区域科技协同创新研究的文章，提出在已有研究中缺少统一理论框架，但是这些研究中均普遍引入了内生增长与发展理论、创新系统理论、网络理论等理论基础。莫拉-瓦伦丁等（Mora-Valentin et al.，2004）总结了影响产学研合作成败的因素，一类是情景因素，另一类是组织因素。普勒瓦（Plewa，2007）总结了协同创新影响因素，分别是信任、承诺和互动。詹姆斯（James，2010）总结了影响产学研合作创新的因素，其中组织氛围会影响到创新结果，创新活动中参与主体之间沟通交流会提升他们之间的合作创新绩效。劳伦斯等（Lawrence et al.，2006）通过对企业的调查发现，企业各部门高度差异化是高绩效的充分条件，企业创新小组内成员差异表现在相似工作竞争机制上。柯林斯（Collins，2006）分析了影响高新技术企业绩效的因素，总结了人力资源要素会影响到企业知识交流，活跃合作，从而提升企业绩效。

维格（Wiig，1995）分析了区域科技创新体系的组成要素，认为组成区域创新体系的要素应当涵盖研究创新知识与技术制造的组织、教育培训创新人才的机构、制造创新产品的企业集团、管理创新行为的政府机关以及为创新服务的金融与商业组织。库克（1997）在研究区域科技创新体系的组成要素后提出，组成要素应当涵盖国家和私人资本组织、公司和涉及创新的非公司机构、咨询及研发组织、技术转让组织、研究组织、技术培育机构以及大学，此类机构或组织间的投资、信息与知识、管理层与权威存在着流动。俊博（Toshihiro，2005）认为科技协同需要政府具备良好的组织能力，实施规范化的协同标准、体制引导区域创新不断发展。埃茨科维塔（Etzkowita，2009）认为，政府实施的激励措施可以促进知识的溢出，促进企业开展创新。但俊博等（2008）提出，政府对公司创新所发挥的作用微乎其微，在当前经济竞争严酷的发展背景下，体制比政府管理重要得多。珀克曼（Perkmann，2011）在分析区域科技合作创新水平后提出，顺应管理水平、衔接水平、知识管理水平以及创新资源应用水平是构成协同创新水平的主要因素。以上论述仅在理论方面进行研究，并没有使用具体实例的办法进行合作背景与实际企业创新的分析。

1.2.1.5 关于政府治理效能的研究

新公共管理运动的兴起推动"政府效能"逐渐成为研究主流方向。怀特

(White, 1926) 明确提出，政治学和行政学研究的重点就如何提高政府行政的效率水平，即如何通过合理配置资源并减少资源浪费来达成行政目的，最终提升民众对政府行政行为的满意度和获得感。政府治理效能的提升对京津冀整体营商环境的优化具有显著促进作用，因此国外学者对营商环境优化中的政府治理有着丰富的研究。一是关于营商环境建设中的政府治理与效能研究，且集中于对政府和市场的关系研究。维特科夫斯基（Witkowska, 2007）指出政府治理时既要放开对市场资源配置的过多干预，也要把握好度进行适度干预。伊尔玛（Irma, 2011）认为处理好政府与市场之间关系是优化营商环境的关键，营商环境建设前期不足可以通过政府后期的治理与重视进行弥补。卡门等（Carmen et al., 2014）指出发展中国家经济落后，政府部门要提供各种优惠政策和服务措施，为经济发展创造一个良好的营商环境。托马斯（Tomasz, 2015）提出政府应当根据营商环境建设的实际需求，为企业健康发展创设良好的营商环境。二是关于政府跨区域协同治理在市场环境中的作用研究。斯塔雷特（Starrett, 1978）创新性地从市场"空间失灵"的视角出发，认为政府有必要通过政策干预的方式介入区域协同发展，为跨区域治理打好政策基础。斯蒂格利茨（Stiglitz, 1998）强调政府协同治理的意义，可通过公共物品、制定法律法规和实现税收调节等方式实现协同，从而有效解决市场失灵问题。埃斯卡雷斯（Escaleras, 2017）认为协同发展是一种可持续发展，区域间虽然存在着竞争关系，但政府可以通过跨区域协同治理减少行政壁垒与藩篱，进而增强区域间经济合作并形成公平有序的市场环境。

1.2.2 国内研究综述

国内对协同治理和协同创新的研究是公共管理领域和区域经济领域研究的重点，也是实现我国经济高质量发展的重要一步。成果主要集中在财税政策支持科技创新发展的研究，地方政府间关系研究，区域创新发展宏微观层面的研究，区域科技协同创新影响因素研究以及政府治理效能等方面。

1.2.2.1 关于财税政策支持科技创新发展的研究

吕学朋和李崇光（2001）总结了中小企业发展需要财税政策支持，通过资金、技术引导促进中小企业发展。李柏洲和靳娜莉（2003）总结了国内科技型中小企业的发展，并提出了财税政策支持对这类企业发展有显著影响。李向前等（2013）引入天津市科技型中小企业案例，列举了185家样本企业，总结了企业不同生命周期阶段政府投入的财税政策，从而得到了科技型中小企业的政府资助效应。当然不同财税政策产生的效应是不同，有积极效应，也有抑制作用。为此，许洁（2004）总结了科技企业发展需要政府财政扶持，风险引导，财税政策可以灵活创新，间接通过补贴、贴息、担保等方式降低银行贷款风险，可以满足中小企业融资需求。李伟铭等（2008）利用广东地区17个中小企业的抽样数据构建方程模型分析了政府创新政策对企业产生的不同效应，进而提升企业的创新绩效。

贾晓俊（2018）提出在合理划分中央与地方创新事权的基础上构建以"北京"为中心的高精尖经济结构，充分发挥财政资金引导投资的功能从而完善财税政策。陈旭东等（2019）提出促进京津科技合作创新发展对策建议，建立完善关于京津跨区域合作创新的组织机制促进要素一体化的财税政策。申嫦娥等（2019）指出财税政策会推进科技创新的发展，高新技术企业通过解读财政政策，可以设计出适合的发展战略，应对财税政策对科技创新的抑制作用，非国有、中小企业对财税政策敏感度更高。王乔等（2019）总结了科技成果转化中会产生技术外溢。其最直观表现是正外部性，如果仅仅是通过市场配置，很容易出现失效问题，为此政府作出财税政策调节是有必要的，从而支持并引导科技创新。林哲（2019）讨论了财税政策对小微企业发展的影响，重点分析了增加小微企业科技创新投资的前端激励政策、专项税收政策，并提出了优化小微企业财税政策的建议。马永军等（2020）将中关村科技园作为案例，通过组态思维和模糊定性两种方法，分析了影响制造企业创新发展的因素，这些因素多为多重并发因素，且具有复杂的因果关系。想要提升制造企业的创新绩效，必须创新两条路径：海外留学经历—税收优惠主导型和性别—海外留学经历—财政补贴主导型。陈立和蒋艳秋（2021）认为政府应加大财税政策激励力度，完善企业融资市场，科技型中小企业可以有效捕捉最新财税政策动态，时刻关注并充分利用相关政策拓宽融资渠道。袁南歌子（2021）总结了财政工具对技术进步的影响，科学评价财政投入，合理设计财政政策，为科技项目提供支持。

1.2.2.2 有关地方政府间关系的研究

从总体上来说，我国政府间关系的研究始于1994年分税制改革前，学术界的研究成果主要侧重央地关系，即处于纵向层级关系的中央政府和地方政府。分税制变革后，有关横向政府间关系层面的研究逐渐增加。我国学者林尚立（1998）将横向府际关系划分成平等关系，不同级别、不同地区政府间关系。地方政府关系开始从竞争走向竞争与合作并存的局面。彭忠益和柯雪涛（2018）总结了地方政府从竞争到合作的历史变迁，指出形成地方政府关系的主要因素是由各种利益驱动的，包括竞争是由于经济利益驱使，既有竞争又有合作是因经济利益驱使，而公共利益会最终使各政府达成合作。随着横向府际关系的发展，由于法制不健全，规范不合理等原因，使得政府间关系开始陷入困境。蔡英辉和耿弘（2007）从立法、司法、生态环境、权责对称以及经济人角度分析了横向府际关系面临的问题，并提出将府际关系纳入宪法。边晓慧和张成福（2016）主张进行府际关系改革，并构建了控制、互动、合作与网络四种府际关系发展模式。

近几年，众多学者从多角度对政府跨区域协同治理及其效能展开研究。一方面涉及了有关社会管理的众多研究课题（如区域治理、地方治理、府际协同），另一方面包含多个实质性问题（聚焦于都市圈治理中的水资源分配、大气污染、跨界河流污染等问题）。曹堂哲（2013）提出了跨域治理协同评价的逻辑框架和指标体系。何磊（2015）认为中央政府主导、平行区域协调、多元驱动网络是京津冀在不同阶段跨区域治理的主要模式。王俊敏（2016）聚焦水环境治理，强调政府间有效协同是协同治理系统中的关键要素。魏娜（2018）基于"结构—过程—效果"分析框架对京津冀跨域协同治理中的大气污染领域进行研究。刘秀杰（2019）指出推动区域协同发展要加强政府间合作，着力构建多功能大行政区，有效打破区域壁垒。

1.2.2.3 宏观层面针对区域科技创新展开的研究

聚焦于对区域创新发展的体系、产生效应、区域创新能力以及区域创新空间资源配置等方面。杨涛（2015）运用因子分析法，采用鲁苏浙粤四省调查数据，从市场发展、政策政务和科技创新环境三方面构建，达到探索区域间经济差异的目的；丁鼎和高强（2020）从政务、金融、人力、创新环境等6个方面构建，对我国36个省会城市、直辖市及计划单列市进行实证研究。谢泗薪和胡伟（2021）将京津冀地区作为案例，讨论了三地的经济高质量发展、科技创新的综合指数、耦合度以及协调度，通过这四个变量的分析，构建了空间计量模型，结果发现京津冀地区两系统的发展状况前期存在较大差异，震荡幅度较大，但随着近年来政策扶持力度的加大，差距逐渐缩小。同时，耦合协调模型分析结果显示，该地区两系统间的关系已逐渐演变为协调发展，同一时期发展水平虽不一致，但河北与天津、北京的发展趋势已形成同步。郑万腾和赵红岩（2021）基于2011~2018年中国284个城市的经验证据，系统考察了数字金融对区域技术创新收敛的影响以及作用机制。郭雪萌和王志刚（2021）概述了产业集聚理论、区域非均衡发展理论、协同发展理等基础理论，结合协同发展理论建设分析模型，验证分析了区域经济协同发展与高新区的关系，实证研究发现由于区域间存在资源禀赋、政策环境、创新能力等差异进而影响二者协同效果。研究还发现国内高新区与区域经济发展协同效果差强人意。董江爱（2020）从政府职能转变视角分析了山西省应通过更新政府的行政理念，增强政府的责任意识，运用数字化协同的技术手段来不断优化营商环境。赵峥和李粉（2020）提出了新的观点，认为过去的协作性管理模式无法满足新时期的跨域协作型管理的需要。鲁继通（2015）建立体系协同模型开展了京津冀区域协同创新水平分析，发现北京协同创新能力排在首位，河北最弱，认为各地区科技发展能力、创新体系建设情况等是主要影响因素。吴卫红等（2021）指出，良好的区域协同度可以有效促进区域创新发展，地理邻近性的影响较大，区域间经济发展差距的影响较小。马宝林等（2021）采用2010~2018年数据，构建中国东、中、西、东北四个区域科技创新系统的评价指标体系，应用主成分分析法获得各区域的科技创新综合得分，并使用耦合协调度模型测算区域创新耦合协调关系。发现政府及有关部门需要进一步深化市场经济改革以克服政府失灵，加强区域创新协调，加大财政支持和税收优惠力度，畅通高技术产业创新的资金流转，助力国家科技创新能力提升，赋能经济高质量发展。

有关科技创新效应方面我国学者也提出了自身见解。陈劲（2012）认为，协同创新主要是地区自身主体间有科技创新的需要，要达到这一目标，实现科技成果产业化生产而进行的协作行为。需要强调的是地区间的科技创新合作必须要有国家层面的政策扶持，政府的政策导向对地区间的科技创新资源共享及合作发挥着特别重要的作用。谷建全（2014）则提出，科技的创新效应主要体现在五个方面：一是创新体系的集合效应；二是创新技术的拓展效应；三是创新主导的聚集效应；四是仿制创新的扩充效应；五是自主创新的动力效应。陈建军（2020）表示我国目前区域科技创新协同治理面临的困境主要集中在行政管理体制的困境，法律方面的困境以及权力地位不同带来的公平性困境，并提出了建立类似华东局的体制、完全市场经济模式、共同体治理模式三种协同治理模式。杨骞等（2021）在数据包络分析框架下，构造超效率EBM模型评价中国重大国家战略区域的科技创新效率，采用泰尔指数方法揭示科技创新效率的区域差异，运用QAP方法识别科技创新效率区域差异的成因，科技创新效率总体呈下降趋势是由于区域内差异性显著。

有关区域创新能力方面，熊焰和杨博旭（2021）基于中国30个省份2005~2016年面板数据基础上，探索了国际网络嵌入和本地网络嵌入对区域创新能力的影响机制，以及制度环境的调节作用。结果显示，国际网络嵌入促进了区域创新能力，本地网络嵌入与区域创新能力之间呈负相关。本地网络嵌入和国际网络嵌入之间存在交互效应，共同促进区域创新能力提升。谢果等（2021）基于2003~2018年中国70个大中城市面板数据，采用DID双重差分模型及PSM-DID模型，验证了国家级新区设立对区域创新能力的实际效用，发现区域创新能力可以通过建立国家新区激发出来。白永亮等（2021）引入了湖北省12个地市

2011~2018年样本数据,利用中介模型实证分析科技资源存量、交易效率和区域创新能力三者之间的关系,发现各地级市科技资源存量、交易效率和区域创新能力均存在较大差异,科技资源能够对区域创新能力产生显著的正向促进作用。

我国对于跨区域政府协同治理的研究起步较晚,但探索的维度较多。主要聚焦于对跨域治理概念的界定,研究路径,治理模式及目前的困境等几个方面。首先,在对跨域治理概念的认识上主要从政治地理学和组织管理两个层面进行了概括。在政治地理学的角度,李长宴(2004)、陶希东(2011)等人认为跨域治理就是两个或两个以上的政府突破行政管辖权和行政区划,在求同存异、因地制宜的原则下进行的平等协作的伙伴关系。从组织管理学的角度,张成福等(2012)将跨区域治理理解为"两个或两个以上的行为主体,包括政府(中央和地方政府)、企业、非政府性组织,以追求公共利益和公共价值为目标,联合治理公共事务的过程"。从研究路径和治理模式角度,鲍芳修和董以红(2015)认为跨区域政府协同治理和区域一体化水平之间有紧密联系,建议为配合区域一体化,政府间合作应围绕制度安排、财政资金、利益分配等创新跨域政府协同治理机制。面对我国跨区域治理中面临的困境,蔡英辉(2013)提出我国地方政府协同治理存在着恶性竞争的问题,并从科层制束缚、本位利益冲突、传统思维惯性以及缺乏区域规划四个方面分析了成因。也有学者从经济角度深入剖析了区域政府权责失衡与"经济人"的行为逻辑导致区域间政府合作效率低下,构建了地方政府与市场、社会组织、公民三方面融合的多中心治理体制。卢文超(2018)从经济学的角度来理解政府间合作意愿,指出政府产生合作的意愿取决于预期收益大于成本,否则就会面临"意愿困境"。

陈丛波和叶阿忠(2021)使用长三角地区省级和城市层面数据,讨论了数字经济与区域经济韧性的相互关系,前者对后者产生直接作用、空间溢出作用,随着创新能力提高会对区域经济韧性起到间接作用。分析发现,区域数字经济短期对本地、相邻地区经济韧性有负向影响,长期对本地、相邻地区经济韧性有积极影响。刘琼和郭俊华(2021)引入了国内30个省份的面板数据,对2008~2016年的统计数据进行梳理,设计了科技公共服务效率评价模型,研究中使用了DEA-Malmquist算法计算了案例地区的科技公共服务效率,同时还植入了静态、差分GMM和系统GMM总结了科技公共服务效率与创新能力的相关关系。研究发现科技公共服务效率影响区域创新能力,称为正向滞后效应;区域创新能力也有累积效应,前期创新能力为当期创新奠定了基础。

1.2.2.4 微观层面针对京津冀科技创新协同展开的研究

研究主要是从技术、产业及企业着手,总结发展历史中产生的不足给出对应的指导性意见，并分析创新驱动发展时存在技术空间溢出问题。许爱萍（2014）对京津冀区域科技创新进行研究，重点分析三地科研人员总量、研发经济投入数量和高技术产品出入口数量等资源层面，包括京津冀区域在协同上产生的障碍，建议推进京津冀协同应当支持京津冀间的高科技人才交流，破除地区间的行政制约，组成协同创新机构，引领三地产学研共同合作进步，并以规模较大的项目为平台促进区域间的协同共赢，作为北京的周边省份，河北与天津应当同步主动接纳北京的产业转移。张贵和王树强（2014）指出，目前京津冀三地之间两两产业重合度较高，会形成产业内部竞争，京津冀应当将发展战略放到产业对接和转移上来，按照技术成链，企业成集群、产业成规模，园区成孵化地的发展理念，建立项目引领、企业行动、集团带动、产业能动、区域协同的新发展格局。李剑玲和李京文（2015）重点对比了珠三角、长三角京津冀地区的人均生产总会与产业生产总值以及三个地区的城市建设现状（市政设施、建设面积与绿地面积）后，概括出了京津冀地区具备显著优于长三角和珠三角的优势，提炼出加快实现京津冀地区协同的合理意见。范斐（2015）利用能力结构关系模型针对全国各省市区域科技创新协同展开研究，提出区域内应重视这种创新协同，通过联系区域间的行为主体，如科研机构、高等院校之间的合作、科研人员的联系程度、科技成果转移转化以及各种科技研发项目等，来促进技术水平提升和技术转移转化，带动区域间的科技创新活动。孙瑜康（2017）指出京津冀创新能力有所提升但科技创新协同能力仍处于较低水平，通过构建评价指标体系，最终提出了应加强人才要素流动水平、开展产学研科技创新协同发展模式、将科技创新链与产业链结合起来。

有关创新驱动发展时存在技术空间溢出，梁琦等（2021）基于2011~2018年中国城市面板数据，设计了空间权重指标及矩阵，运用空间杜宾模型考察数字经济发展对城市创新质量的影响，并利用面板门槛模型探究市场化程度调节机制的作用区间。研究结果表明我国各城市的数字经济发展和创新质量分布呈正相关关系，且空间相关性在经济空间关联特征上更为明显。徐向龙和侯经川（2021）基于2013~2018年我国省级面板数据，构建区域数字经济发展评价指标体系，运用面板固定效应模型、门槛回归和空间杜宾回归分析方法，验证分析了数字经济与区域创新的相关关系，结果显示二者存在正向关系；数字经济发展对区域创新绩效、发明创新绩效均有边际效应递增的非线性影响；数字经济发展对邻近地区的创新绩效和非发明创新绩效有显著负向影响。李滋婷和张爱宁（2021）指出，区域创新能力变化呈现分散型，创新活动及创新效率影响了创新能力，同时创新效率影响了地区产业结构、产学研联系质量等，此外探讨了甘肃、宁夏和贵州三地区全要素生产率与高科技产业发展、经济增长的相关关系。

1.2.2.5 有关区域科技协同创新影响因素的研究

协同发展战略执行以来对京津冀政府协同发展的研究再次成为学术界的热点问题，以回望京津冀政府协同治理发展历程为研究的出发点和切入点，随后有大量研究集中在对京津冀协同发展现状分析及其存在的问题方面。张满银等（2020）通过建立京津冀区域协同发展评价指标体系，应用主成分分析法和熵值法从经济、社会和生态系统方面指出了京津冀区域协同存在的问题。此外，绝大部分学者认为京津冀区域协同发展贵在协同创新，而京津冀协同更应该更多地关注区域科技创新。李香霞（2019）、孙丽文等（2018）运用定量研究方法对京津冀区域协同创新能力进行了评价和比较。

在政府间跨区域合作治理过程中，科技园区是地方政府在经济领域合作的重要载体和创新平台。京津冀协同发展过程中科技园区发挥了关键作用，我国学者对京津冀政府跨区域治理中科技园区的研究也逐渐增多。蒋海军（2016）、盛彦文等（2020）通过构建网络理论模型（CRINSP）来探究科技园区推动跨区域创新协作机理和运行机制。方创琳和苏文松（2017）总结了政府引导、产业梯度转移、市场合作等5种三地园区协同动力机制，并分别指出各种动力驱动机制下三地园区合作共建模式。张建国（2015）、申桂萍和吕晓静等（2019）提出要从打造创新生态系统的角度建设京津冀跨区域协同创新共同体。

1.2.2.6 有关政府治理效能的研究

我国学者主要从概念界定、影响因素和评价体系等方面对政府治理效能进行研究。陈俊星（2001）认为，政府效能具有两方面紧密联系的含义，即政府部门进行公共管理和服务所具备的行政能力及实现行政目标所产生的效益、效果。朱正威和杨晶晶（2007）研究得出权力、制度、人员等因素在一定程度上会影响到政府治理效能。尤光付（2004）提出政府管理制度不完善、公务人员业务能力和水平不高以及法律法规不健全造成了政府治理效能的低下。施雪华（2010）为了提升我国地方政府的综合治理效能，以政策、体制和行为效能为出发点，探索出一套关于省级政府公共治理效能的评价体系。近几年，很多学者从多角度对政府跨区域协同治理及其效能展开研究。一方面涉及了有关社会管理的众多研究课题（如区域治理、地方治理、府际协同），另一方面包含多个实质性问题（聚焦于都市圈治理中的水资源分配、大气污染、跨界河流污染等问题）。曹堂哲（2013）提出了跨区域治理协同评价的逻辑框架和指标体系。何磊（2015）认为，中央政府主导、平行区域协调、多元驱动网络是京津冀在不同阶段跨区域治理的主要模式。王俊敏（2016）聚焦水环境治理，强调政府间有效协同是协同治理系统中的关键要素。魏娜（2018）基于"结构—过程—效果"分析框架对京津冀跨域协同治理中的大气污染领域进行研究。刘秀杰（2019）指出，推动区域协同发展要加强政府间合作，着力构建多功能大行政区，有效打破区域壁垒。

政府治理效能提升和整体营商环境优化具有相互促进、相辅相成的内在逻辑关系，随着国家对营商环境优化的不断重视，一部分学者开始探索这两者之间的关系。梁微（2018）认为营商环境优劣是评价政府治理效能的重要依据，营商环境评价的各种指标恰恰涉及政府职能的方方面面。舒洁（2020）提出要以提升行政效能来优化X市营商环境的观点，具体表现在转变行政理念、创新治理机制、优化服务水平、加强数据流通等方面。赵宗安（2020）以江苏省为研究对象，探索如何把营商环境优化中的制度优势，更好转化为政府治理效能并提出具体建议。同理，政府协同治理效能提升与区域营商环境优化具有内在一致性，但研究相对较少。娄成武（2018）认为，在"放管服"改革背景下，政府通过提升治理能力能够优化营商环境，同时建议实行以政府为主体、市场和社会组织多元协同的治理模式。郭燕芬（2019）创造性地提出了营商环境协同治理的运作模式和实现机制，认为营商环境是一项系统性改革工程；我国政府履行营商环境责任要经历规制、管理和协同治理三个阶段，其中协同治理包括纵向和横向两个方面，纵向上要求中央和地方政府的高度协同，横向上要求各地政府间、政府各部门间及政府与市场间的协同改革，促进营商环境的共建共享。

1.2.3 简要评述

综合国内外研究，在科技创新与协同层面，国内外学者对于财税政策对区域创新协同的影响、区域创新发展层面的研究、地方政府间合作治理、区域创新影响因素等方面研究较多。对跨区域政府协同治理的研究综合了公共管理学、区域经济学等多个学科的理论和方法。在理论层面，研究得出的结论及成果对跨区域协同治理有指导和借鉴价值。但就目前的研究来说还存在一些缺陷和不足。

首先，在研究内容上，国外对政府协同治理的研究大多还主要集中在理论层面，倾向于抽象的研究分析，在区域治理及大都市区治理的问题上，形成不同的流派展开长期的争论，缺乏实践指导意义，研究内容还有待丰富。从我国的现实情况看，政府机构的碎片化、传统的区域管理模式、利益分配不均等因素导致政府跨区域治理缺乏积极性和主动性，国内学者已经开始尝试运用协同治理理论构建新的合作治理框架，从现实情况出发研究政府跨区域治理新模式。

其次，在研究视角上，以往的研究大多只是从区域经济学的角度探讨跨区域创新与协同发展的问题，致力于提出促进区域协同创新发展的对策建议，从协同视角探究政府跨区域治理的研究还很少，少有把区域协同与政府治理二者结合起来的研究成果，各地政府协同治理推动科技园区创新协同的研究成果。但我们都知道政府是跨区域合作治理中的关键角色，通过管理和领导对协同治理进行调控，保障协同治理有序运作，因此政府的协同治理能力在区域协同发展中尤为重要。

最后，关于京津冀协同发展研究内容以促进区域经济发展层面对京津冀协同与政府协同治理进行了讨论分析，专家学者们一致认为京津冀区域经济的发展必须要突破行政壁垒束缚，主张区域政府合作机制的创新。实践研究上，珠三角和长三角提供了良好示范和宝贵经验，有很多研究回顾了京津冀发展的历史演进过程，对比珠三角等地，分析不足之处，致力于找到解决困境的现实路径，建立合适的协同模式。

综上所述，本书将在借鉴协同治理理论，从协同治理视角研究横向政府跨区域治理的动力机制，探讨京津冀协同治理所面临的现实问题，期望能够突破京津冀协同发展的障碍，为地方政府跨区域协同治理提供借鉴。

1.3 研究思路、方法及创新之处

1.3.1 研究思路

本书综合理论分析与实证分析，讨论了京津冀三地科技创新与协同发展。对促进京津冀三地科技创新与协同发展的财政支出政策和税收优惠进行全面分析，最后提出有效财税政策建议。研究思路如下。

第一，围绕科技创新、协同、区域科技协同以及政府治理的相关概念进行界定分析，充分阐述了区域治理、区域协同治理、整体治理以及财税政策与京津冀协同发展的相关理论，并探讨了跨区域政府协同促进科技园区协同发展的机理，并在理论分析基础之上分析当前京津冀发展现状并进行评析，总结发展问题及成因。

第二，对促进京津冀科技创新与协同的财政支出政策和税收优惠进行全面分析，发现问题并进行原因分析。紧接着，以京津冀科技园区创新协同为例，通过介绍三地科技园区创新能力及协同发展现状，总结京津冀科技园区协同创新的特征，从而分析在建设京津冀协同发展共同体中的政府合作机制现状。进行实证分析，构建了京津冀科技园区创新协同系统评价指标体系，通过搜集整理京津冀国家级科技园区（中关村产业园，天津滨海新区等）的相关指标数据，利用复合系统协同度方法评估2014~2019年三地国家级科技园区创新协同有序度和协同度，依据实证结论对京津冀科技园区创新协同进行比较分析。

第三，就推进京津冀跨区域政府合作治理提出有效政策和建议。

本书的研究路线如图1-1所示。

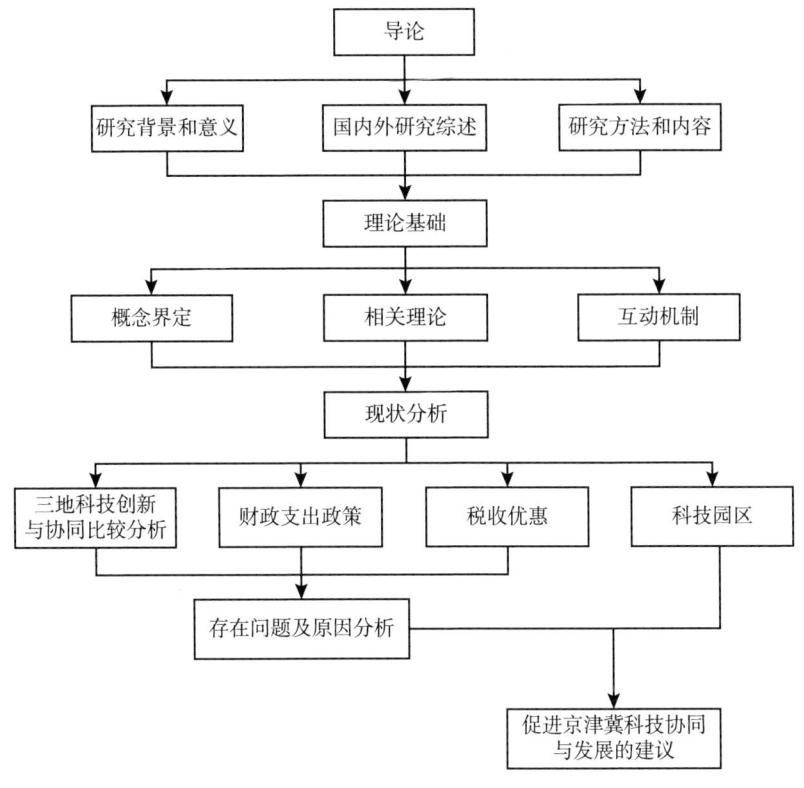

图1-1 全书研究路线

1.3.2 研究方法

本书拟采用规范分析与实证分析相结合的研究方法。通过京津冀三地科技资源共享平台、科技财税政策共享机制的建立，以期达成区域科技的共享共进，打造出国际一流的创新、科技、绿色城市群，从公共经济学、公共管理学和政策科学的角度进行规范分析。具体研究方法包括以下三个方面。

第一，归纳演绎与逻辑推理相结合。归纳目前国内外关于科技资源共享，财税政策促进区域科技创新与协同等领域相关文献，并归纳中央和京津冀地方促进科技创新发展的政策和协同效果，进行汇总和分类比较。

第二，调查研究与归纳研究相结合。根据本书研究目的设计调查问卷，拟联合三地政府科技部门进行联合调研，采取抽样调查和典型访谈相结合的方式，选取不同行业和不同成长阶段的科技型企业和研发中心进行调研，针对现有三地共建共享的财税政策选取三地相关地区的财政、税务机关进行调研，获取第一手信息资料及数据资料。

第三，实证与规范分析相结合。包括对问卷调查中定性数据和定量数据进行筛选、整理、汇总、分析，主要采用统计图、统计表等基本统计分析方法，构建京津冀国家级科技园区创新协同评价指标体系，并对指标体系中的基本指标确定权重，最后采用复合系统协同度量京津冀国家级科技园区协同度。

1.3.3 创新之处

科技协同创新不仅是京津冀协同创新的重要组成部分，更是京津冀协同发展的核心和重要抓手，是实现京津冀高效率、高质量、全方位、可持续协同发展的关键，在增强区域核心竞争力、优化区域发展动能、改善协同发展生态方面发挥着重要作用。在基于国内外文献分析基础之上，本文创新之处包括三个方面。

第一，在研究内容上。首先，京津冀科技创新与协同的历史进程里产生的信息不对等，重点体现在行政规划上忽视以市场决定资源配置方式，而这种行政规划并未有效解决信息壁垒，建立崭新的、有扶持包容特色的、适宜市场发展的机制是发展京津冀科技创新与协同的最优抉择。其次，通过分析中央以及地方两个层面的举措让市场纠错程序由事后参与改进为事前介入，从被动指导改变为主动指引，进而减少因行政壁垒对三地整体经济发展形成的阻碍，促进京津冀科技创新与协同程度有所增进，为京津冀协同发展进程提供有力的支撑。最后，虽然国内外对于跨区域政府治理的研究日趋成熟，但对具体区域的实证应用较少，在京津冀协同发展的战略背景下，对京津冀科技园区协同的研究为科技园区创新能力的提升指明方向，促进京津冀区域经济发展和创新发展，为探究跨区域政府治理提供新的数据和理论支撑，有效推动跨区域政府治理的研究。

第二，在研究对象上。国内外现有文献对跨区域政府治理的研究中，大多集中在探究跨区域政府治理的模式和路径。本书将我国政府跨区域治理的诉求，结合我国现实制度基础和机制特点，从区域协同发展的视角研究跨区域政府治理问题，主要通过分析京津冀科技园区协同创新与创新能力发展的现实情况，探索政府在跨区域协同治理中的作用。另外，将研究视角从以往关注较多的中央和地方政府关系的研究角度转移到研究地方间的政府关系，以协同治理理论为基础，概括阐述政府协同治理概念、治理路径、评价方法等内容，致力于为地方政府间跨区域协同治理提供可靠的意见和建议，也为公共管理领域区域协同治理提供路径选择。

第三，在研究方法上。对于创新协同度的评估问题上，多数研究成果习惯评估各个区域整体创新协同状况，而本书则将关注点放在区域中创新的集中孵化地—科技园区的创新协同评估上，通过选取创新投入和创新产出作为最有代表性的指标，并将其细分来对京津冀国家级科技园区2014~2019年创新协同发展情况进行测度。

第 2 章

京津冀科技创新与协同的基本概念与现状分析

2.1 相关概念界定与理论基础

2.1.1 相关概念界定

2.1.1.1 科技创新的概念界定

以熊彼特创建的五种创新观点来说，创新即为企业家将生产要素与条件要素再次重组，技术创新是创新的本质所在，这样的说法归属于经济学领域。国内学者普遍认同五种创新理论，达成的共识是使用技术办法把学科的理论成果转化成产业化产品的环节就是科技创新。经济发展的目标是提升民众的生活，满足人们更多的生活需求，在现有的经济背景中，人们也逐渐意识到了科技创新不只是实现理论分析上的进步，还应当包含把成果转化成经济与社会效益，促使人们的生活再一步提升。科技创新以科学精神及文化、科研制度和人们创造性的思维为基础。从技术层面研究，科技创新属于企业在加工产品的运营行为里，采用技术上的指引，持续的完善，一直到新型产品的制作并进入市场的历程，完成生产要素最大化的应用。整体来讲，科技创新是实现从新设计转化为新产品的产业化经济系统，系统整体必须经历科技的形成、结论、转化，最后实现产业化，这四个环节彼此依存、彼此作用。

2.1.1.2 协同及协同理论相关概念

"协同"最早是从古希腊语里产生的，含义是协调合作。20 世纪 70 年代后，在多学科基础上,协同理论也逐步产生并发展成为一个新学说。德国优秀的物理学家哈肯创立了协同学说①,协同理念灵感最早是他在分析激光现象时形成的,分析中发现所有体系都存在单独的运动,同时存在互相影响的综合运动,如果体系里的分运动均占领主体位置,互不妥协时,运动的整体则体现出不能预测、没有规律的无序现象;在此类运动彼此作用、彼此干扰期间,运动的整体占据了主体,这时这个体系即表现为规律的有序运动。哈肯在1971年《协同学:一门协作的科学》中首先确定了协同的定义。自然中的所有体系均存在着区别的时空特征,其组成网络和特性归属同样存在区别,在受到环境的影响后,所有体系间又彼此关联,所有个体间彼此影响、互相作用,同时能够进行系列的能量转换。随后,哈肯在《协同学导论》(1976)中对协同概念进行了全面的阐述,提出三个主要理念,一是协同效应作为协同理论的基础,其含义是协同影响造成了整体效应的增加。二是支配原理,也叫伺服原理。主要是对协同体系选择某组参数并对状态加以说明,而这些参量的快慢程度随时间变化而变化,形成快、慢两个变量。在实际研究中发现,慢变量占领主体位置时,快变量则表现为向慢变量妥协的状态。三是组织原理。在人们设定的环境中,很多有序的组成能够在体系内调动和协调,同时能够经过体系本身的信息调控与反馈将体系的组成再次强化。组织原理也是协同学说的一个中心理论,部分组织的命令及水平大多出自体系以外,但组织重点关注的是分体系处于不受外部因素干扰的基础上,本身可以根据一定规律与命令实现一致,并自主地完成某种规模和组成,是很典型的存在内在性、自生性的组织之一。

从20世纪70年代创立协同学说到80年代发展协同学说,哈肯在研究出这个理论均存在时空有序的前提下,继而挖掘出功能有序层面,使协同学说的分析向前迈出了一大步。哈肯在1983年发表了《高等协同学》,表明协同学说的微观理论已经比较完善。现在协同理论已经渗透至诸多学术领域,如在经济学领域,库克在分析区域合作优势时得出,区域科技协同创新的创新活动主体间彼此合作的联系远比竞争联系的作用更强大,同时区别的规则背景可由区域全部利益来调整,形成了协同经济②,产生了区域竞争的突出优势。随后,提出创新要素与创新活动的主体间彼此合作互动是至关重要的,二者需要统筹协调,轻视其中的哪一个,均无法获得良好的区域科技创新成效。此外,地区内部或是地区间实现创新资源的通用,可促进科技协同创新成效的增加。特别要关注到的是,整合区域协同创新资源必不可少,而只完成整合是无法实现绩效提升的,应当突出强化协

---

① Hermann Haken. Synergetics – An Introdution [M]. Springer – Verlag:West Germany, 1977, 2:23 – 34.
② Cooke P. Introduction:origins of the concept [C]. London:UCL Press, 1998, 7:2 – 25.

同行为主体间的协同影响,以期获得一个创新主体不能获取的协同效应,这就是人们常说1+1>2原理。

在管理科学领域,安索夫把协同学说引入管理学范畴,其在《企业战略》(Corporate Strategy)中提出,协同即为某些原本独立的构成成分通过初步的聚集建立企业集群的工作过程,是建立在资源通用的前提下两个企业间彼此相辅相成的联系。自协同理论引入国内后,中国的部分学者也分别从管理学、经济学、政治学等方面分析了协同理论。比较突出是彭纪生综合应用多种学术理论与办法,对科技协同理论完成了清晰的判定,在组成层次上进行了研究,同时分析体系内不同要素间的彼此影响机制与内部原理,率先建立了国内技术协同体系理论研究。自此,协同学说在自然科学与社会科学范畴内已经被普遍使用,使用最为广泛的则是经济学范畴,重点应用协同理论完成资源分配的最优化。

2.1.1.3 区域科技协同的机制及模式

这里的机制重点是指区域主体间打破原有的体制壁垒、利益症结、结构差异等,最终使得创新资源和要素间完成有效合理的集合,全面调动激发科技创新系统内控资源、人才、技术以及信息等要素的活力,从而达到深层次合作的状态。其中,涉及区域间的科技创新协同重点强调区域主体采取构建区域桥梁的方式,达到创新协同效应的最优,促进区域间形成健康的协同发展。现阶段,传统知识经济时代已不适应现代发展需要,土地、人力等传统资源产生的边际效益逐步降低,而知识、技术能力和信息则一跃成为核心创造力来源,更是决胜于未来的关键因素。目前我国的知识增值进程中,知识不再是局限于书本、业务知识等,而是在创新协同进程中通过信息越来越对称的先决条件,加强重复、传导与共用的水平,采用知识的研发与使用,实现知识在主体和创新地区间的转化与互动。研发出越来越多的知识同时完成成果转化,形成技术与资本,产生强大的主体效应、规模效应,最后达到创建更大的社会、经济效益的目标。

区域创新协同也是目前研究区域发展情况中最广泛引用的理念之一,其概念分为狭义和广义的区域创新协同。从狭义上来讲,区域创新协同是指整个区域内的科技研发人员及科技研发机构等通过交流沟通、协同合作,最终目的是达到该区域内科技创新效应最大化;从广义上来讲,区域创新协同的实质是区域协同发展达到的一个高级阶段,整个区域内不同主体或不同地区之间通过协调彼此的创新要素的选择方式、规模、结构以及流动水平等,从而提高地区科技创新实力,实现区域协同发展,减少地区之间的经济差距。

2.1.1.4 区域科技协同对区域经济发展的重要性

区域科技创新与区域内在主体经济进步以及地区资源间联系密切,区域内单独的主体在发展历史中，存在斗争也存在协调，从而建立了彼此协调、彼此作用的依存关系，此类联系形成了共同利益，使得区域内在的资源与行为建立起了共同使用的环境。区域内不同主体为完成本身效益的最优，采取合作达到双赢。因此，区域本身即要求将资源与科技行为加以统筹合作，让配置实现适宜及最佳，区域的所有单独主体均要求建立某个能和另外的主体加以交流的机构，这个机构承担协调标准的设置，完成相互间合作进步，区域里所有单独主体的目标即成了利益整体的目标，从而实现单独主体的利益最大化。与此同时，形成区域共同市场即能够使整体利益与个体利益实现统一，拓展单独主体的原生市场发展空间，使区域内的经济得以进步，促进区域内在要素相互交流，引导产品的再次整合，优化科技资源与行为的配置。伴随区域内在的共同市场的持续推进改革，市场不断趋向秩序与发展，最后一定会形成大于行政规划的超级市场。超级市场的作用提升，区域内在的科技资源与要素间交流愈加密切，增强区域内科学知识的普及与应用，极大地增加了创新的机遇，所以区域经济协同的持续进步一定会引领区域科技创新的同步发展。

2.1.1.5 政府治理相关理论

政府治理中的"治理"是介于统治与管理之间的一种政府行为或活动。随着国家治理体系与治理能力现代化的提出，政府治理的内涵也更为丰富和先进，是一个与我国国情相适应且不断发展的概念（王浦劬，2014）。根据已有研究并结合国家政策发展方向，本章将"政府治理"定义为各级政府在职权范围内，运用公共职权对公共事务进行有效监管，全心全意为民众提供服务，及时解决好公共性难题，创造良好公共价值的一种动态治理过程。这里的"动态"是指政府治理并不是一种单向行为，而是一种治理加优化的双向行为，即政府不仅要做好本地区的事务管理、公共服务和必要约束，还要根据公共主体对象的及时反馈而不断进行改革优化的行为。

政府治理效能。在厘清了政府治理的概念后，再对政府治理效能进行概念界定。从表面意思上看，"效"代表着外在效果；"能"意味着内在能力。总体来看，"治理效能"就是政府在治理过程中显现出的"效"与"能"的有机统一（黄健新和王凌宇，2020）。通过大量文献梳理发现，关于"政府治理效能"有很多种不同表述：政府效能、治理效能、政府社会治理效能、政府效能改革等（唐烨，2006）。与"政府治理"概念的时代性与发展性相一致，本章采用"政府治理效能"这一表述，将其定义为政府及其公务人员为了实现治理目标，在进行社会管理和提供公共服务过程中所展现出来的治理能力与治理效益、效率和效果的综合反映。其中"综合"表明政府治理效能应当包括两个核心部分：政府治

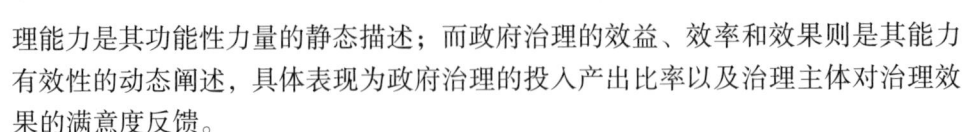

理能力是其功能性力量的静态描述；而政府治理的效益、效率和效果则是其能力有效性的动态阐述，具体表现为政府治理的投入产出比率以及治理主体对治理效果的满意度反馈。

政府协同治理。在国家治理能力现代化语境下，协同治理作为一种重要的治理模式备受关注。"协同"即"协调合作之意"，协同效应是指各主体间充分发挥高效协调作用而产生的整体效应，最终达到1+1>2的良好效果。协同治理的主体在广义上具有多元性，强调政府与公众、社会组织等的协同合作；狭义上侧重政府间合作，即不同地区、不同层级的政府加强协同合作，共同实现协同治理目标（王得新，2016）。臧雷振（2018）提出区域协同治理就是在协同治理中加入跨行政区域变量，专注于地方政府之间的跨行政区合作行动，目的是实现政府间协作以及政策网络发展；臧雷振（2018）提出区域协同治理就是在协同治理中加入跨行政区域变量，基于地方政府之间的合作，实现政府间协作以及政策网络发展。刘秉镰（2017）强调了治理协同就是要求中央和地方政府创新协同治理模式，运用有效政策工具，推动协同治理的具体任务顺利实施。根据已有研究，本章确定了政府协同治理的理论，它是指区域治理中政府之间建设协同机制，从而实现有效的治理契约，通过协同、跨区实现科学治理。

2.1.2 理论基础

2.1.2.1 区域治理相关理论

（1）区域创新理论。区域创新的本质就是各子系统协同发展。区域经济一体化受到普遍重视后，协同创新理论开始应用在区域层面上，学者们开始将关注点放于区域创新理论上。首先，区域协同创新根据内容可以划分为狭义和广义两种，区域协同创新的主体需要突破行政壁垒同属于广义范畴，实现区域创新资源、人才等要素自由流动，实现创新效率，提升各主体创新能力。其次，区域协同创新具有主体多元、形式丰富、领域多样的特征。区域创新包括区域行为，即区域整体之间的创新协同；企业行为，即区域内企业间跨区域的合作；政府行为，即政府作为一个系统，通过各种协同创新载体和平台（子系统）进行的协作。本章中区域创新协同指的是政府间通过科技园区进行的创新协同。

当前，我国学术界普遍认为区域创新缺乏驱动因素，区域创新的动力机制是区域创新理论研究的重要构成。本章认为，导致区域创新缺乏驱动因素，其根源在于行政壁垒、传统官僚主义等诸多因素，而跨区域协同创新则是为了促进地区

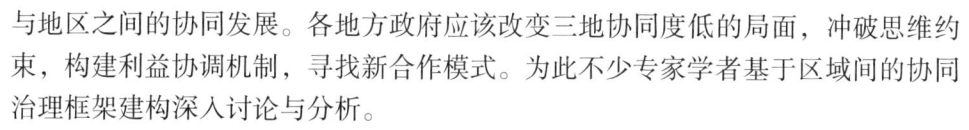

与地区之间的协同发展。各地方政府应该改变三地协同度低的局面，冲破思维约束，构建利益协调机制，寻找新合作模式。为此不少专家学者基于区域间的协同治理框架建构深入讨论与分析。

（2）增长极理论。1920年，以英美为首的发达国家进入结构性衰退为特征的区域经济不平衡，为此各个国家出台针对性措施，但仍旧存在部分地区经济发展缓慢导致人才外流现象，加剧区域发展不平衡。于是法国经济学家佩鲁（Francois Perroux，1950）广泛调研了经济发展状况，创新性地提出了增长极理论，按照这一理论解释地区经济发展会受到增长极影响，协同区域发展，为此要先培育经济增长极，再通过增长极促进地区协同发展。协同发展京津冀三地的研究同样可采取增长极理论及扩散效应。其中增长极是北京，在三地发展中北京市经济发展最快，可以有效地带动周边地区发展，推动天津和河北的经济发展。理论如此，但实际情况并非如此，三地发展失衡问题突出。为此要结合增长极理论应用与研究，实现三地协同发展。

（3）不平衡增长论。艾伯特·赫希曼（1958）出版的《经济发展战略》[①] 一书提到了不平衡增长理论，他认为各区域经济发展具有一定的地域特征，但并不是每个区域都有其迅速发展的空间，不同的区域也有其自身的发展阶段。从经济发展角度来看，经济发展水平较高的地区，一般都是以该地区为起点，通过经济推动作用，使经济集中在这一地区，并持续地向外辐射，它揭示了在经济发展的进程中必然产生地区经济发展失衡。为此研究中提出"极化效应"和"涓滴效应"，发展开始阶段极化效应是主导，随着经济发展涓滴效应影响区域差异。那么本书讨论的北京、天津和河北地区发展模式是不平衡的，三地区失衡问题严重，如北京市具有技术、资本优势，去除政府干预，科学应用非均衡理论借助扩散效应可以实现北京、天津和河北地区的发展。

（4）梯度转移理论。梯度转移理论形成与工业生产生命周期阶段理论有一定关系，前者是在后者基础上提炼形成的。国外学者研究立足企业生命周期阶段理论，对梯度转移进行了分解和提炼，并界定了区域经济梯度转移的概念。在"梯度转移"概念中，指出了区域产业结构决定整个产业经济发展。如果某一区域是工业主导，区产业主导部门与创新阶段保持一致，则该地区的经济和人均收入将迅速提高，该区域应为高梯度区，否则应该处于低梯度区域。新兴产业部门、新型产品、高新技术以及新生产管理和组织方法在内的创新活动都来自高梯度区域，随着时间的增长不断向低梯度区域推进。由于行政障碍等因素，京津冀地区的梯度推移理论尚未得到充分证实。北京、天津和河北三地的产业结构不同，创

---

① 赫希曼. 经济发展战略 [M]. 曹征海，等，译. 北京：经济科学出版社，1991：45-62.

新能力不同，但通过局部范围的扩展，津冀地区可以承接北京的产业转移，产业转移自高梯度区域（北京）逐渐向低梯度区域（天津和河北），但是在京津冀协同中没有充分利用梯度推移理论规律，三地发展差距依然存在，没有从根本上解决差距问题。为此灵活科学地应用该理论工具，可以帮助京津冀地区实现协同发展。

2.1.2.2 区域协同治理理论

区域协同治理理论也称为"新区域主义理论"，是根据各地民主协商的价值诉求，将一体化治理体系转变为地方政府间协作和政策网络发展，更加关注政府间的跨区域合作行动。协同治理蕴含着平等协商、一致同意、共同决策和集体行动四方面的内涵。"平等协商"是各主体通过有目的交流来探索合理的解决办法，在这个过程中各主体的利益诉求都得到充分表达；"一致同意"是各利益主体在充分沟通和深入交流的基础上达成的最终观点；"共同决策"为各利益主体加强合作、共同行动搭建起有效平台；"集体行动"是把各利益主体共同决策后达成的共识落实于实践中。根据区域协同治理理论，跨区域协同治理不能以改变行政区划为出发点，各级政府基于全面合作创建了利益协调机制，搭建平等沟通的信息共享平台，使各地政府在相互交流、互惠承诺中做好集体决策，并根据决策共识实现协同治理。协同治理已经成为京津冀政府跨界合作的新路径。京津冀三地要协同合作，以彼之长补己之短，通过相互合作构建协调机制搭建沟通平台，实现三地协同发展，提高三地的核心竞争力，为其他地区协同提供标本。

2.1.2.3 整体性治理理论

治理理论是基于传统治理的变革和反思而产生，政府结构和功能的转变对政府治理模式产生新的要求，治理理论由此被提出，按照治理理论以及协同理论观点来看，二者有共同之处，它们将社会视为复杂系统，利益主体关系会因外部环境而变得亲密无间。为保障自身利益，主体会形成竞争、合作关系，这些活动形成了组织网络，并有序运行下去。

整体性治理是为了满足广大民众需求，利用高科技信息手段，对治理零散化问题进行整合与协调的一种政府治理模式。主要观点有：（1）政府不仅要追求"效率"，更要重视公众的需求和服务供给，为公众提供一种无缝隙的公共服务模式。(2) 政府在治理中要树立整体性目标，通过构建一个合作协调的跨组织治理机构，克服政府间协同度低、缺乏沟通的弊端。(3) 以综合组织为载体，避免过度分权带来的不利影响，强化中央顶层设计对整体政策制定的把控能力，为各地方政府间跨区域合作提供方向指引。(4) 充分利用互联网高科技技术手段,以实现各地间信息技术的整合优化为目的,加强信息的沟通与交流,消除信息不对称带来的不良后果,共同提升政府整体治理效能。

京津冀三地政府发挥好跨区域协同治理效能的前提就是要树立整体性目标,有效促进区域协同的整体优化;整体协同的形成有利于打破区域协同治理中的政策壁垒和行政藩篱;跨区域"一网通办、异地可办"的实行,以及政府间沟通信息平台的建立,是以数字经济为核心的新型治理工具的运用,有利于推动三地环境一体化进程。

2.1.2.4 财税政策与京津冀协同发展

(1) 税收政策纠正"市场失灵"。美国经济危机发生之前,1929~1933年间西方经济学家认为市场是完全有效的,资源配置是完全通过市场实现的,政府是那只"看得见的手"需要适时出击。然而,美国经济危机爆发后,经济学家们不得不看到市场缺陷,即为"市场失灵"现象,资源配置仅仅依靠市场是不可行的。因此,当学术领域出现了凯恩斯主义后,政府干预就被解释为宏观调控手段。其中古典经济学理论主张,市场是自由竞争的结果,在市场中生产者和消费者之间有必然联系,企业进行生产和运营活动,如果市场总体平衡,资源分配会得到最大优化。如果市场情形与此定律不符,则会出现市场失效。市场健康状态下可以通过市场的自我调整来分配资源。当市场出现问题时,政府就需要采取财政和货币工具干预市场运作,从而矫正市场的低效失灵。政府运用政策手段介入市场,以财政和货币工具进行资源配置,以此纠正市场的低效率局面。政府通过政策工具也会干预市场价格,引导市场配置资源,依托税收保障干预有效性。

(2) 财税政策促进京津冀协同的作用机制。税收政策通过替代效应和收入效应影响三地劳动力资源的协同。随着税收政策实施,推动了京津冀地区劳动力转移。员工每天时间分为工作时间和休闲时间两个部分,休闲被视为一种商品,其价值以工资率来衡量。征税会影响劳动力供应下降,也就是税收对劳动的替代效应。在征收个人税收之后,员工的实际收入大幅度下降,而可支配收入也大幅下降,从而降低了娱乐开支,促使劳动力供给有序增加或减少,自从京津冀三地实行税收优惠政策以来,有效引导劳动力流动,促进劳动力有序增长。同时,财税政策对京津冀三地投资活动产生利好影响,如河北省的经济实力相对较差,通过对外资企业的税收优惠,可以减少其在本地投资建厂的成本,从而增加投资收益,驱动更多外资企业引入当地,推动河北省的健康发展。通过税收协同政策鼓励中小企业发展,减轻其成长的压力,扩大其发展空间，促进其创业创新，将更多的企业从北京迁往河北。北京作为我国经济发展较快的首都城市，因政治优势汇集了各个行业，一旦出现高污染的企业会对周围的环境产生负面影响，为此税务部门会对这些企业增加税收、提高违法成本、减少企业污染，有效地改善当地的环境，为市民营造一个良好生活环境。另外，在技术投资上，税收政策要有倾向，要加大科技创新力度和研发力度，提高企业自主创新能力，以推动京津冀地区的产业发展，推动科技进步，提高三地企业的核心竞争力。

2.2 跨区域政府协同与科技园区协同发展互动机制

2.2.1 政府协同治理促进科技园区创新协同驱动机制

政府引导并驱动京津冀协同治理主要通过三地政府之间加强利益共同体建设，其在消除行政壁垒、打破区域协同创新障碍以及提高资源配置效率等方面起到至关重要的作用。我国科技园区是以政府驱动引导为主推动，尤其在京津冀协同发展中，三地政府将科技园区作为促进科技创新的重要抓手，主要表现在以下两个方面。

第一，三地政府的政策支持是推动科技园区创新协同的基础性动力。我国科技园区合作共建模式多为政府主导，政府政策引导和支持是促进科技园区发展的重要支撑，在推进协同发展战略的背景下，三地政府在政策协同方面有了更多更深层次的合作，在方向把握、政策规范上为科技园区创新协同提供了良好的制度保障。国外科技园区发展也极其重视政府政策支持，例如美国政府的创新政策、发展战略都对硅谷发展产生了强大的推动作用。

第二，政府营造良好创新协同发展软环境有助于科技园区创新协同。在既定的制度体系和创新投入下，创新环境是决定科技园区创新能力的关键因素。三地政府统筹协调，通过市场开放、税收分成、干部挂职锻炼等合作，协同创新资源、集聚高端人才，助推高科技企业创新发展，营造有利于三地科技园区创新合作的市场和制度环境。在这样的背景下，中关村科技园管委会与滨海新区、雄安新区、保定等地积极开展全方位合作，为"十四五"时期打造产业集群奠定基础。

2.2.2 科技园区协同推动跨区域政府协同治理内在机制

创新是引领发展的第一动力,是驱动经济社会发展的核心力量。由于创新活动日益表现出多领域、多主体、跨区域合作的特征,各创新主体和区域间的边界正在逐渐"融化"。因此,以科技园区为支撑,区域间创新资源高效流动为特征的创新协同,成为推动科技进步与区域政府创新协同的重要手段。

第一,从三地合作主体来说,京津冀地区间的科技合作以及产学研等创新主体间的协同互动是促进京津冀高质量协同发展的重要路径。就主体间协同关系来看,强调各个创新要素的整合以及各创新要素在内部无障碍流动,通过国家(政府)意识引导达到科技成果转化的目的。根据京津冀科技园区实际来看,大多京津冀科技园区或创新基地是以中关村科技园管委会与津冀两地同级或上级政府合作共建,其中还有一些是中关村不同分园与项目所在地政府合作共建。不难看出,三地不同能级政府间的合作关系为实现三地政府更深入、更紧密的合作奠定基础。

第二,从合作模式来说,跨区域协同合作治理的模式体现在行政层面,非单纯市场行为,区际合作成为京津冀科技园区主要合作形式。如中关村国家自主示范区与津冀两地合作共建的科技园区为中关村管委会与天津、河北两地政府合作。区际合作为京津冀政府开展协同治理提供了良好契机,三地政府需要在合作中思考如何做到不缺位、不越位,建立起良好的利益分配机制,共同促进京津冀合作治理取得全面成功。

基于以上分析,本书构建政府协同治理与科技园区创新协同的互动机制,如图2-1所示。

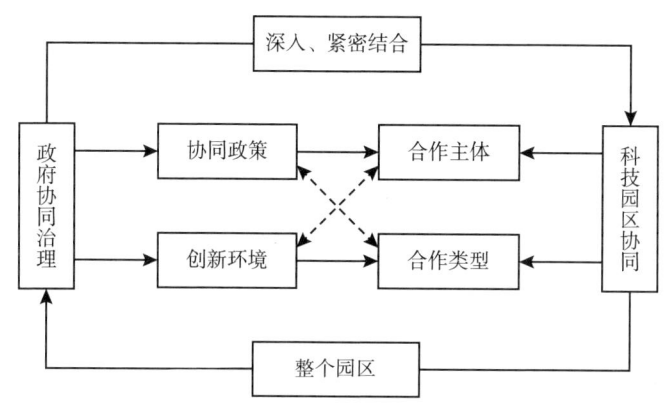

图2-1 互动机制

资料来源:作者依据政府协同治理与科技园区协同关系绘制而得。

2.3 京津冀三地科技创新与协同发展现状

京津冀跨区域科技协同创新是实现创新驱动发展、促进经济及产业转型升级、引领全国科学发展的重要战略选择,需要有力的动力源泉和支撑。近些年京津冀地方政府将科技创新协同发展提升到战略高度,抓住外部机会协同内部优势资源,在交通领域、产业领域获得阶段性成果,初步形成了协同治理机制。虽然有了初步成果,但京津冀三地科技创新协同也存在局限性,为此还需要不断提升高效协同治理效能。

2.3.1 京津冀三地科技创新发展比较分析

在三地科技创新方面,京津冀三地存在较大区别,其科技创新发展水平总结为四个方面。

2.3.1.1 京津冀三地 R&D 投入情况

科技创新投入直接决定科技创新能力,其中创新投入又可以细化为两种,其一是人力资本,其二是物质资本。如表 2-1 所示,通过对 R&D 经费支出变化情况进行分析可以发现,从投入强度层面来看,2018 年北京 R&D 经费投入占 GDP 的比重由 6.17% 增长到 2020 年的 6.44%,2018 年天津 R&D 经费投入占 GDP 的比重由 2.62% 增长到 2020 年的 3.44%,2018 年河北 R&D 经费投入占 GDP 的比重由 1.39% 增长到 2020 年的 1.75%。由此可见,北京的投入强度要高于天津与河北。在人力资本投入层面来看,2020 年,北京 R&D 人员数量远高于天津与河北,约为其 2.64 倍和 2.26 倍。同物质资本进行对比分析来讲,人力资本积累可以确保科技创新活力持续发力,能够进一步提升核心竞争力。人力资源主要是借助进一步提升全要素生产率、新技术学习与消化速率等来实现推动经济增长的目的。但是诸多分析研究表明,人力资本对科技创新产出方面的影响存在一定的特殊性,即具有显著的门槛效应,当人力资本数量达到一定高度,即突破"门槛"限制,人力资本方面的投入才会在科技创新发展方面起到积极的促进作用。

表 2-1　　　　　　　　　　京津冀三地 R&D 投入情况

项目	2018 年			2019 年			2020 年		
	北京	天津	河北	北京	天津	河北	北京	天津	河北
R&D 经费投入（亿元）	1870.8	492.4	499.7	2233.6	463.0	566.7	2326.6	485.0	634.4
R&D 经费投入强度（%）	6.17	2.62	1.39	6.31	3.28	1.61	6.44	3.44	1.75
企业 R&D 人员（人）	253337	99490	89127	267338	119384	93275	307513	116100	135958

资料来源：根据历年《全国科技经费投入统计公报》汇总而得。

2.3.1.2　京津冀三地科技创新产出情况

从科技创新产出结构层面分析，如表 2-2 所示，北京、天津两市所展现出的科技创新特点也存在差异，具体包括以下几个方面：其一，北京在科技创新产出结构方面，以科技论文、国内申请专利等为主，该层面的产出占比较高，并且通过此种形式也衍生了诸多新技术、新知识等。2020 年，北京市在科技方面的论文发表数量远高于天津与河北，为 76211 篇；而专利申请方面同样高于天津与河北，为 237620 项。其二，在高新技术产业创新层面，2018～2020 年间北京略

表 2-2　　　　　　　　京津冀三地科技创新产出情况

项目	2018 年			2019 年			2020 年		
	北京	天津	河北	北京	天津	河北	北京	天津	河北
国内申请专利数量（项）	211212	99038	83785	226113	96045	101274	237620	102671	112784
国内授权专利数量（项）	123496	54680	51894	131716	57799	57809	163211	75434	62014
科技论文情况（篇）	58671	2907	2454	60671	3207	2751	76211	3561	2906
科技著作情况（部）	2581	89	67	2721	84	57	3091	57	62
技术市场成交额（亿元）	4957.8	725.3	279.8	5695.3	922.6	382.5	6316.2	1113.0	558.6
科技成果登记数（项）	2610	1045	2678	2622	728	2836	2703	1880	3216
高技术产业主营业务收入（亿元）	3967.8	4233.8	2672.6	4308.9	3348.4	2978.1	4628.9	3927.8	3204.1

资料来源：根据历年《中国统计年鉴》《北京统计年鉴》《中国科技统计年鉴》《北京科技统计年鉴》汇总而得。

微领先于天津,但二者之间的差距越来越小,天津正以稳步速度进行追赶。总体而言,正是在科技人才快速涌入、制造业基础扎实、物流体系先进等多方面作用之下,天津高科技产业才得到了蓬勃发展。最近几年,中国自主创新示范区建设进程不断加快,天津也依托于国家发展大环境,积极引入现代化高新技术,大力推动先进制造产业的发展。

2.3.1.3 京津冀三地科技创新环境情况

从创新环境层面分析,如表2-3所示,北京具有较为突出的优势,天津与河北仍存在追赶空间。对于科技创新环境而言,其实质上是区域创新系统理论的重点内容与核心。通常情况下,主要指可以稳步推动区域内行为主体逐步实现创新的各类环境,如文化、产业结构、政策等。在科技创新环境方面,2018~2020年间各项指标在三地间均存在差异,北京各项指标较天津与河北来说具有较明显优势,具体而言北京作为中国首都,在国际上具有较高的知名度,因而在科技创新环境方面具有得天独厚的优势,主要体现在人均GDP由2018年的144078元增长到2020年的167640元、第三产业产值占地区生产总值比例由2018年的79.7%增长到80.9%、金融机构存贷款总额与地区生产总值比例由2018年的7.9%增长到8.05%等,同时人均拥有公共图书馆藏书量、市财政科普经费支出均领先,是世界技术性人才的聚集地。但在最近几年,津冀两地推出了一系列举措,如开发滨海新区、建设金融先行先试区、河北雄安新区等,无论是在制度环境方面,还是在政策方面,均取得了重大进步。"十三五"期间,为了妥善处理科技创新发展层面所存在的一系列问题,天津相继推出了"创新创业通道"等一系列合理化机制,使企业融资难、政策兑现等一系列问题得到了妥善处理,2020年天津市财政科普经费支出反超北京市达到1.72%。现阶段,国内诸多优秀创新服务机构均入驻了天津市,极大地提升了科技产业的发展水平。但是在GDP、第三产业发展、教育文化、金融机构存贷等方面,天津与河北仍存在追赶北京的空间。

表2-3　　　　　　　　　京津冀三地科技创新环境情况

项目	2018年			2019年			2020年		
	北京	天津	河北	北京	天津	河北	北京	天津	河北
市财政科普经费支出(亿元)	1.28	0.53	0.49	1.34	1.44	0.71	1.50	1.72	0.84
人均GDP(元)	144078	122542	49089	164220	90371	46348	167640	90176	47691

续表

项目	2018 年			2019 年			2020 年		
	北京	天津	河北	北京	天津	河北	北京	天津	河北
第三产业产值占地区生产总值比例（%）	79.7	51.8	36.2	80.2	56.4	41.9	80.9	58.2	44.3
人均受教育年限（年）	12.08	10.56	8.1	12.17	10.62	8.5	12.64	11.29	9.84
金融机构存贷款总额与地区生产总值比值（%）	7.9	3.21	2.28	7.87	3.29	2.91	8.05	3.34	2.87
人均拥有公共图书馆藏书量（部）	2.73	1.09	0.62	2.86	1.15	0.75	2.93	1.20	0.79

资料来源：根据历年《中国统计年鉴》《北京统计年鉴》《中国科技统计年鉴》《北京科技统计年鉴》汇总而得。

2.3.1.4 京津冀三地科技创新协同情况

京津冀三地在主体协同创新水平仍有进步空间。如表 2-4 所示，现阶段，在科技创新协同发展层面，三地区均展现出差异化，具体可以归结为下列两点：其一，在专利技术和经费支出方面，2018~2020 年间京津高等学校专利数量并驾齐驱，远超于河北，但在高等学校、研究机构 R&D 经费支出北京远超于津冀两地。其二，在国内技术交易方面，北京占据突出的地位，但是天津与河北的技术交易市场同样展现出了强劲的发展趋势。2018 年，北京技术合同交易额约为天津与河北技术合同交易额的 7 倍与 18 倍，但 2019~2020 年间出现略微下滑的态势。从宏观视角来看，北京技术合同交易额在国内占比较大且交易额高达全国 40% 以上。在科技创新交易方面，天津市在 2018~2020 年期间，在技术输出、技术吸纳方面金额增速均突破 38%，该增速高于北京市与河北省，但在具体金额上较北京相比较低。其三，在对外技术输出层面，在全国范围之内北京对外展现出"蛙跳式"的基本特点。《2020 年北京统计年鉴》中指出在北京市内，每年大约有 60% 以上技术合同快速流转至省外地区。经过深入探析之后可知，地理环境仅是科技创新的必要条件，但并不是充分条件，制度邻近、技术邻近等同样会对科技创新产生影响。现阶段在地理位置方面三地毗邻，但在技术、制度等层面，三地仍存在差距。从技术邻近性层面进行分析，北京市已经成功步入后工业化发展阶段，其中服务业所占比例已经达到 79% 左右，高端制造产业占比也较高。但是对于天津与河北工业产业而言，高端制造产业占据核心地位，特别是在 2019 年，经济指标发生了下滑，GDP 数据也快速下降，对两地产业结构转型升级产生了重要的影响。现阶段京津冀三地产业结构具有一定程度的相似性，该种状况造成产业链整合程度较低、技术合作难度较大，在制度邻近性层面，市场障碍、制度壁垒是导致三地技术流动性较差、信息沟通渠道闭塞的主要原因。

表2-4　　　　　　　　京津冀三地科技创新协同情况

项目	2018年 北京	2018年 天津	2018年 河北	2019年 北京	2019年 天津	2019年 河北	2020年 北京	2020年 天津	2020年 河北
高等学校有效专利数量（项）	9212	8387	3250	10656	10213	4183	12310	12045	4913
研究机构有效专利数量（项）	8692	3412	2103	9067	3673	2451	9317	3901	2721
高等学校R&D经费支出（亿元）	162.6	61.18	36.2	160.4	63.72	45.9	164.1	65.12	48.1
研究机构R&D经费支出（亿元）	702.7	44.21	18.1	730.1	46.64	27.5	754.0	47.12	29.2
单位生产总值能耗（%）	0.68	0.5	0.28	0.69	0.46	0.31	0.71	0.49	0.33
技术合同交易额（亿元）	4957.8	725.2	279.8	5695.3	922.63	382.46	6316	1112.9	558.5
技术输出（亿元）	4957.8	685.5	275.9	5695.3	909.3	381.2	6316.0	1089.6	555.0
技术吸纳（亿元）	2247.1	347.5	495.6	3223.8	461.5	583.6	3128.6	617.0	706.7

资料来源：根据历年《中国统计年鉴》《北京统计年鉴》《中国科技统计年鉴》《北京科技统计年鉴》汇总而得。

2.3.2　京津冀三地区域科技创新水平综合评价

继长三角、珠三角之后，京津冀协同发展是中国的新型经济增长极，同时也是首都经济圈中的核心内容，三个区域不仅可以相互促进、相互补充，同时还可以实现共同发展的目的，为中国经济的发展实力注入活力。京津冀协同发展作为我国重要区域发展战略，其发展正步入新阶段，经济、社会、环境融合日益紧密，逐步从要素驱动、投资驱动向创新驱动转化，北京、天津、河北三地政府形成了较为紧密的联合机制，并且发挥了重要引领作用，近些年签署了诸多合作协议。

同时，北京作为区域核心，加快引领与河北、天津两地的创新协同发展，通过京津冀协同建设具有全球影响力的科技创新中心，并以雄安新区建设为主导，加快疏解非首都功能，进一步推进交通一体化进程，加快京津冀立体交通网络的完善，以新的功能区为载体加快京津冀创新共同体建设。在推动经济发展过程之中三地存在非常紧密的联系，主要体现于产业结构高度重合，汽车工业、机械制造业等均是高技术产业中的重要组成部分。由于区域产业存在同质化状况，因而京津冀一体化进程遭到制约并叠加行政区域因素的影响，京津冀在经济上无法实现深度融合，只能独享"自身成果"。与此同时，京津具有虹吸效应，河北相对欠发达，在资源共享的基础之上实现协同发展存在困难。从另外一个层面来讲，京津冀也是环渤海经济圈的重要构成元素，同长三角、珠三角相比，发展周期较短，特别是在科技创新方面与之存在差距。自"十二五"规划之后，打造首都经济圈，推进区域经济一体化上升至国家层面，在国家政策条例引导、各地政府大力支持的共同作用之下，京津冀三地协同发展在近些年取得了丰硕的发展成果。三地经过多次协商与探讨，签署了区域协同发展协议，在资源共用共享基础之上共同推动科技创新能力的发展是一种必然趋势。

京津冀一体化发展、区域科技协同创新发展的大背景下，无论是在教育资源方面，还是在技术性人才引进层面，北京均具备扎实的基础，因而诸多国际大型企业均把总部定在北京。在科技创新层面，北京以中关村为核心，逐步向外扩散形成了一个大型"科技创新圈"，并且同天津进行区域性合作，在天津开设了大量的分支生产基地，取得了丰硕的发展成果。河北雄安新区基于《河北雄安新区总体规划（2018～2035年)》处于建设初期，需要依靠京津冀协同圈为其提供以创新资源为主的各类资源支持。北京要积极推动与雄安新区之间在科研机构等科研领域的密切合作，为雄安新区的建设贡献科技研发优质资源，主动促进京内高校与雄安新区教育资源的融合，带动雄安新区内教育与京津两地教育资源融合和优化。同时支持大中小型企业在雄安新区设立分部，为其提供科技创新方面的支持，更好面向共享北京地区科技创新资源，将北京各类先进创新资源扩展至雄安新区。

由于科技创新推动经济增长作用的影响，天津经济增速开始放缓但稳定性变得更强。从动态层面来看，创新驱动作用更加突出，经济发展方式也发生了重大转变，而该方面也是天津经济增速遥遥领先的重要原因。天津经济虽然得到了蓬勃发展，但是也产生了诸多问题，如环境污染、资源短缺、社会配套设施不够完善等。在资源方面，天津是一个工业化程度较高的城市，原材料、市场均不在本地，诸多资源均需要从外购置，尤其是铁矿石、煤炭，更是全部依靠进口，天然气、电力等能源十分匮乏。在全市范围之内，在环境、人口等诸多领域中，因区域共性比较强导致存在科技、经济发展不匹配的不良状况，严重影响城市经济发展。河北雄安新区努力培育和吸引更多的创新创业"独角兽"企业，让创新成果落地雄安新区，助力新区高质量发展。通过政府采购和推广应用等政策，未来雄安新区可得到科技项目扶持政策的优先支持，优先享受"雄安新区政府引导基金"支持。只有如此才可助力雄安新区实现历史重任。对此，雄安新区一方面承接来自首都北京和世界各地的创新产业发展，承担起首都的经济功能；另一方面，成为世界城市和经济发展的创新引领。作为国家首都，北京在技术创新以及人才资源培养上都很突出,但在公众安全、能源、环境等方面依然存在短板。从京津冀三地的科技创新协同发展角度来看,虽然三地的科技创新资源都很充足,但三地之间的差距却很大。因此,三地的科技创新合作发展水平也始终处于较低的水平。同时,由于产业结构升级、技术创新协同水平存在差异,京津冀地区科技创新资源共享将会受到很大的冲击,因此要大力推进科技创新能力的转化。

参考《中国区域科技创新评价报告2021》[①] 数据看,国内综合科技创新技术日益提升,创新水平提高显著。该报告对区域科技创新设置了五个维度,分别是环境类、投入类、产出类、产业化以及科技促发展。围绕这五个标准细分了二级指标12个,三级指标39个。该评价体系主要是面向全国31个省、自治区、直辖市展开评价测试的。评分结果显示:2020年度国家综合科技创新水平达到72.44分,较同期数据相比提升0.25分。按照各个地区的科技创新水平得分将它们划分为三类梯队:第一梯队是综合得分超过72.44分的地区,如上海、北京、广东、天津、江苏和浙江;第二梯队是综合得分介于50分至72.44分之间的地区,如重庆、湖北、陕西等17个地区;第三梯队是综合得分低于50分的地区,如内蒙古、广西、云南等6个地区。

科技创新的带动效应越来越明显。北京、上海、广东是我国创新型地区,它们形成了丰富的科技创新实践,对京津冀、长三角、珠三角地区协同发展带来较大影响。从结果看综合科技创新水平得分最高的是北京,在全国排名第2,其次是天津,在全国排名第4,最后是河北,在全国排名第18。为实现科技创新目标,北京部署了协同创新目标,其中协同创新共同体任务有16项、项目有2项,通过产业协作强化经济发展。京津冀协同发展策略有效弥补了河北省弱势。基于"京津研发、河北转化"协同践行,形成了新发展模式。河北与京津联合建设科技产业园,打造技术市场、创新联盟组织,这些组织体量超过了210家。2021年北京吸纳技术合同交易总额达214.2亿元,较2020年相比提升63.4%;北京输出技术合同交易总额较2020年相比提升了210.4%。长三角一体化发展显著,它是我国经济活力最强、开放程度最高,创新能力最强的地区,结合"一体化"和"高质量"发展目标,驱动了长江一带的经济发展,协同建设了区域集群,实现了一体化发展、高质量发展。作为长三角的引领,上海市综合科技创新在全国排名第1,江苏省综合科技创新排名第5,浙江省综合科技创新排名第6,安徽省综合科技创新排名第11。同时在该地区还组织了R&D活动,参与企业的数量占比超过了四成,参与人员、经费内部支出、专利发明等占比达到30%,技术类国际创收

---

① 中国科学技术发展战略研究院. 中国区域科技创新评价报告 [M]. 北京:科学技术文献出版社,2020:34-78.

占全国总量的50%。粤港澳大湾区建设稳步推进，尤其是发布实施《粤港澳大湾区发展规划纲要》以来，以广东为引导，协同其他地区综合内外资源建设了国际科技中心项目，促使科技创新、产业聚集，形成了广深港澳四地联合发展的科技创新走廊，通过高标准建设了创新载体，支撑了国际科技创新中心。广东省综合科技创新在全国排名第三，不论是科技创新投入，还是科技促经济发展都取得显著成果。其中：广东省R&D经费支出总额达到2705亿元，占比13.7%，排名第一。

区域技术交易呈活跃发展，输出技术合同交易、吸纳技术合同交易总量逐年提升。通过表2-5可以看出：2020年东部地区技术辐射、技术扩散依然保持靠前，其中东部输出技术合同交易总额占全国的65.1%；吸纳技术合同交易总额占全国的57.9%。中西部地区与2019年相比变化不大；京津冀地区输出吸纳技术合同交易总额占全国的50%；长江经济带发展相比2019年增速放缓，输出和吸纳技术合同成交额同比增长27.3%和30.2%，分别占全国技术合同总成交额的35.5%和35.2%。

表2-5 2020年区域技术交易流向情况

地区	输出技术 合同数（项）	成交额（亿元）	增长（%）	占比（%）	吸纳技术 合同数（项）	成交额（亿元）	增长（%）	占比（%）
东部地区	335007	18389.9	29.1	65.1	337644	16349.0	28.1	57.9
中部地区	84688	3719.5	30.0	13.2	78799	3878.5	26.9	13.7
西部地区	98773	3818.1	13.1	13.5	100801	4443.7	25.1	15.7
东北地区	27788	1360.2	7.6	4.8	26684	1126.1	20.1	4.0
京津冀地区	101604	7960.7	14.0	28.2	86084	4452.2	4.3	15.8
长江经济带地区	211601	10030.6	27.3	35.5	212214	9947.6	30.2	35.2
长三角地区	125664	5734.0	35.5	20.3	132492	5686.4	30.0	20.1

资料来源：许倞，贾敬敦，张卫星，等.2021全国技术市场统计年报[M].北京：科学技术文献出版社，2021.

2.3.3 京津冀三地科技协同发展现状

2.3.3.1 区域间技术交易层面

2020年，北京流向外省市主要技术交易合同形式是技术服务和技术开发。如图2-2所示，技术服务合同成交额2531.2亿元，占流向外省市技术合同成交额的82.4%；技术开发合同成交额达到427.4亿元，与同期数据相比增幅5.4%，占比为15.1%。

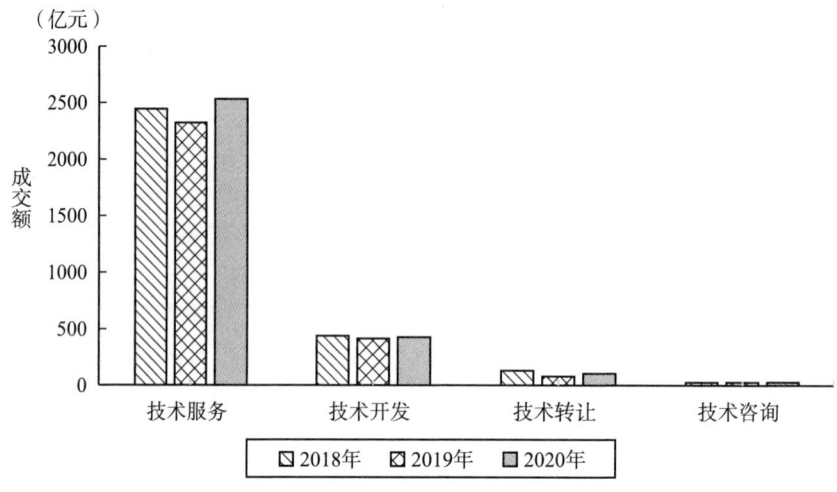

图 2-2 2018~2020 年北京流向外省市技术合同类型

资料来源：许倞，贾敬敬，张卫星，等. 2021 全国技术市场统计年报［M］. 北京：科学技术文献出版社，2021.

2020 年，北京流向外省市技术领域主要集中于城市建设与社会发展、电子信息技术、现代交通技术以及新能源技术等，具体如图 2-3 所示。技术输出主要集中三大领域，其中电子信息、城市建设与社会发展及现代交通领域类的技术合同达到 63983 项，交易总额达到 4902.5 亿元，占比为 70.0%。城市建设与社会发展交易总额较同期数据相比增幅 28.7%，占总比的 31%；电子信息领域成交额 634.2 亿元，占比为 20%；现代交通领域技术成交额 602.4 亿元，占比为 19%；新能源与高效节能领域成交额 387.4 亿元，增长 24.1%，占比为 13%。

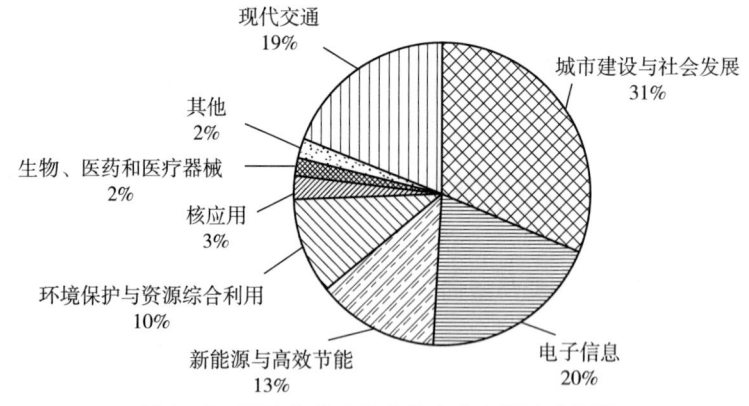

图 2-3 2020 年北京流向外省市主要技术领域

资料来源：许倞，贾静静，张卫星，等. 2021 全国技术市场统计年报［M］. 北京：科学技术文献出版社，2021.

2020年，专利、技术秘密和计算机软件著作权是北京流向外省市技术知识产权的主要形式。其中专利技术类1078项合同，交易总额达到692.7亿元，占比为23.5%；技术秘密类8241项合同，交易总额达到496.5亿元，较同期数据相比增幅68.2%，占比为17.3%；计算机软件著作权类11024项合同，交易总额达到224.6亿元，较同期数据相比增幅11.4%，占比为7.8%。

2.3.3.2 资源共享层面

京津冀三地同步构建不同类型与不同层次的数据云及信息载体，大力实施科技资源的通用共享。如北京、天津与河北三地图书馆自2015年建立京津冀联盟，加大了三地图书馆的合作，实现了京津冀地区的读者对首都图书馆、天津图书馆以及河北省图书馆内的资料共享；同时以推进科技资源共享为着手点，建立了数字地图载体，经过京津两地有关部门的共同努力，将京津冀的科技资源数据持续聚集充实。2016~2022年间，实施通武廊人才一体化发展示范区建设以及人才绿色通道，为科技人才提供政策上的支撑，一方面提倡企事业单位科技人才兼职，另一方面从推行高级人才引进措施等十一个层面开展政策尝试、探索。除此之外，京津冀三地在2015~2022年间建立科技成果转化载体、联合构建服务标准与评定系统、构建专家库和数据库、加强金融组织沟通合作、使科技成果转化获得了雄厚的资金支撑。依托这个载体每年连续发布推介会与项目，推进京津科技成果转移转化真正发挥成效。

2.3.3.3 信息技术协同

基于大数据技术的应用及发展，京津冀地区依托信息技术实现协同发展，信息技术为地区协同发展提供基础保障。如为达到加快推进京津产业部署及协同进步的需要，中关村大部分公司和天津进行了合作。汉王科技及中科曙光等企业分别在天津设置合作加工分部，为了实现满足中小企业的信息化需求，百度在京津实施了翔计划。2015年，北京承担实际运营管理创新园的万众公司和天津光源产业联盟及河北新一代半导体创新联盟完成了《"京津冀"新一代半导体材料和应用合作协议》的签订。2021年，以神州数码为代表的393个公司在天津成立子公司510余家。国家CSA在北京、天津和河北建设了新一代半导体材料和实用联合创新园。

2.3.3.4 科研院所、研发机构

作为科技创新发展的重要驱动，科研院所以及研发机构发挥了重要作用。一方面，截至2021年底，京津两地持续深化与中科院、中国军事科学院与国家工

程院联合,携手建设创新型人工智慧战略研究院、军民融合中心和天津工程科技战略研究院,合作共建中科院北京分园天津创新产业园、合成生物技术创新中心等各类研发平台46个。全面推进高端技术开发的分部建设与国家级的院所分支组织的建设,建立了中科院天津分院、天津航空设备设施研究院等超过一百所分支组织,总量达到了160余家。另一方面,天津与北京高校、院所共建了北京大学新一代信息技术研究院、清华大学高端装备研究院、北航智能制造研究院、天津京津科学技术研究院等一批新型研发机构,并引进北京大学稀土材料化学及应用国家重点实验室以严纯华院士为代表的研发稀土基新型功能材料的团队在南开大学组建稀土材料与应用实验室。

2.4 京津冀三地科技创新与协同评析

京津冀协同发展策略从提出至2021年已经有8年的发展历史,在这8年中京津冀三地在交通一体化、促进人才流动、产业转移方面取得一些进展。科技创新与协同作为京津冀协同发展战略的重要组成部分取得显著成效,但由于三地科技发展基础、政策法规、市场环境和公共服务等因素差异在一定程度上限制了科技协同作用的发挥,这是政府公共政策,特别是财税引导性政策制定需要考虑的重要因素。

2.4.1 技术交易额大幅增长、技术流动情况向好

政策驱动、科技投入、产业结构调整的战略下,根据《2021全国技术市场统计年报》,2020年北京技术市场继续保持较快增长态势,技术交易的"两个增长率"创近5年来新高。2000~2020年间北京技术合同成交量逐年稳步提升,2020年成交总额达到6316.2亿元,占全国技术合同成交总额的22.4%;与此同时,2007~2020年间北京技术合同成交额占全国比重却在逐步下滑,尤其2018年后下滑较为显著,如图2-4所示。

如表2-6所示,针对全国部分省(区、市)输出技术情况来看,2020年北京、广东、江苏技术输出成交额领先全国。全国大部分省(区、市)技术输出成交额稳步增长,北京、广东、江苏共成交技术合同180852项,占全国技术合同总成交数量的32.9%,成交总额达到11671.3亿元,占全国技术合同成交总额的41.3%。其中根据输出技术合同成交数据,排名前十位的地区分别为北京、广东、江苏、山东、陕西、湖北、上海、浙江、四川和天津,成交技术合同数量达

到428127项，成交额为22320.4亿元，分别占全国技术合同总成交项数和总成交额的77.9%和79.0%。其中，北京输出技术成交额居于全国首位，天津和河北地区输出技术成交额较2019年增长19.8%、46%，居于全国中部水平。针对省（区、市）吸纳技术情况来看，2020年，广东、北京和江苏吸纳技术成交额排名居前3位。吸纳技术前10位的省（市）分别为广东、北京、江苏、山东、浙江、湖北、上海、陕西、四川和安徽，共吸纳技术395480项，占技术合同总额的72.0%，成交额总额达到18389.9亿元，占技术合同总成交总额的65.1%。其中，北京吸纳技术成交额居全国前列，天津和河北吸纳技术成交额较2019年分别增长33.7%和21%，居于全国中部水平。

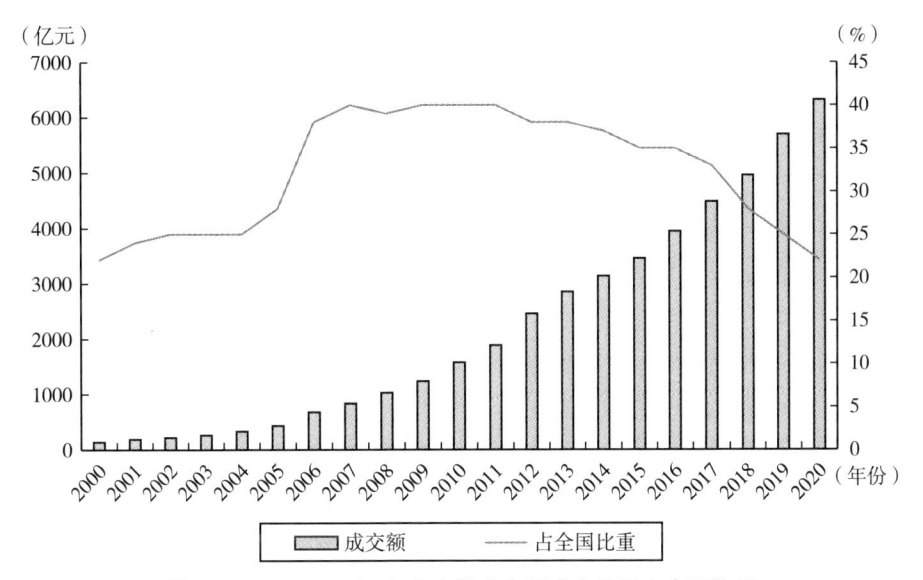

图2-4　2000~2020年北京技术合同成交量及占全国比重

资料来源：根据2000~2021年《全国技术市场统计年报》整理。

表2-6　　　　　　　　　　2020年部分省份技术交易流向情况

省份	输出技术 合同数（项）	输出技术 成交额（亿元）	输出技术 全国排名	吸纳技术 合同数（项）	吸纳技术 成交额（亿元）	吸纳技术 全国排名
北京	84451	6316.2	1	65548	3128.6	2
广东	39485	3267.2	2	56009	4306.3	1
江苏	56916	2087.9	3	53679	2217.0	3

续表

省份	输出技术 合同数（项）	输出技术 成交额（亿元）	输出技术 全国排名	吸纳技术 合同数（项）	吸纳技术 成交额（亿元）	吸纳技术 全国排名
山东	73639	1903.9	4	67270	2048.5	4
陕西	52035	1758.7	5	28879	941.1	8
湖北	39420	1665.8	6	25232	1403.5	6
上海	26356	1583.2	7	28913	1162.8	7
浙江	25725	1403.3	8	31592	1568.5	5
四川	20415	1244.6	9	20050	875.6	9
天津	9685	1089.6	10	8466	617.0	12
河北	7468	555.0	14	12070	706.7	11

资料来源：许倞，贾静静，张卫星，等.2021全国技术市场统计年报［M］.北京：科学技术文献出版社，2021.

如表2-7所示，京津冀地区输出技术合同成交额明显高于吸纳技术合同成交额。2020年京津冀地区输出技术合同101604项，成交额为7960.8亿元，同比增长14.0%，占全国技术合同总成交额的28.2%；吸纳技术合同86084项，成交额为4452.3亿元，同比增长4.3%，占全国技术合同总成交额的15.8%。技术交易主要集中在城市建设与社会发展、电子信息、现代交通、先进制造等技术领域。其中北京输出及吸纳技术项目成交总额排全国第1位，输出合同总额占比达到22.4%，吸纳技术合同总额占比达到11.1%。

表2-7　　　　　　2020年京津冀地区技术交易流向情况

省份	输出技术 合同数（项）	输出技术 成交额（亿元）	输出技术 增长（%）	输出技术 排名	吸纳技术 合同数（项）	吸纳技术 成交额（亿元）	吸纳技术 增长（%）	吸纳技术 排名
北京	84451	6316.2	10.9	1	65548	3128.6	-3.9	1
天津	9685	1089.6	19.8	2	8466	617.0	33.9	3
河北	7468	555.0	45.6	3	12070	706.7	20.9	2
合计	101604	7960.7	14.0	—	86084	4452.2	4.3	—

资料来源：许倞，贾静静，张卫星，等.2021全国技术市场统计年报［M］.北京：科学技术文献出版社，2021.

2.4.2 科技产业对接纷纷开启、科技平台落地建设

自 2015 年至今,河北省多个市与京津科研院所、中关村科技园开展对接工作,一批成果转化和产业基地落地建设。中科院工程热物理所、过程工程所、理化所、半导体所"环境—能源与动力综合研发平台"等 4 个国家"十二五"重点科技研究平台类项目落户廊坊基地建设,中关村海淀园秦皇岛分园成立,白洋淀科技城已完成规划设计即将进入具体实施阶段。北京有色金属研究总院、中海油田服务股份有限公司、中国冶金地质勘查工程总局一局等三十几家中直单位落户燕郊并建设了有色金属新材料产业基地、中海油海洋测井定向井国家工程技术研究中心暨国家海洋高新技术领域成果产业化基地等一批高新技术产业项目。清华大学固安成果孵化基地规划确定并于 2015 年底开工建设,北京化工大学秦皇岛环渤海生物产业研究院和天津大学秦皇岛环保研究院分别在秦皇岛成立,这些创新平台建设对河北省科技产业发展提供了重要技术支撑。

2.4.3 产业结构存在差异、北京科技创新优势明显

京津冀地区科技协同工作在产业对接、政策对接、技术交流方面取得了一定成效,但三地在科技发展中仍存在一定差距,这种差异互补性为科技协同带来一定基础,同时也是科技协同政策制定中应重点考虑的因素。如表 2-8 所示,2020 年京津冀三地三大产业中,北京第三产业税收收入最高,占比高达 88.78%,近 4 年数据也显示第三产业对北京税收贡献度均在 78% 以上;天津主要税收收入来自第二产业,其中 60% 以上集中在制造业,其他依次为采矿业、建筑业、电力热力燃气及水生产和供应业;河北省第二、第三产业税收贡献占比相当,但同样第二产业居多。根据近 4 年三地税收数据分析,北京主要集中了金融业、批发零售业、房地产业、信息传输软件和信息技术服务业;天津制造业、生产性服务业优势明显;河北主要集中了采矿业、制造业。

表 2-8　　　　　　　　2020 年京津冀三地分产业税收收入

省份	第一产业 收入(亿元)	第一产业 占比(%)	第二产业 收入(亿元)	第二产业 占比(%)	第三产业 收入(亿元)	第三产业 占比(%)
北京	9.25	0.11	1423.61	11.11	11370.04	88.78
天津	1.09	0.04	2019.24	62.13	1229.67	37.83
河北	4.13	0.18	1420.78	56.21	1102.29	43.61

资料来源:作者根据 Wind 数据库整理计算而得。

2.4.4 科技资源禀赋存在差距、京津科技监测指标高于河北

科技进步监测体系包含了五个维度，每一个维度上都有对应的一级指标，分别是科技进步环境指数、科技活动投入指数、科技活动产出指数、高新技术产业化指数和科技促进经济社会发展指数，这些指标从科技投入、科技产出等多方面反映科技水平。如表2-9所示，京津两地科技进步环境指数基本相差不大，居全国1、2位，反观河北省为京津两地科技进步环境指数的一半，在全国排名第24位；科技活动投入指数天津和北京分别居全国5、6位，河北排名全国第18位；科技活动产出指数北京略高于天津在全国排名分别为第1、3位，河北科技产出居全国第27位；高新技术产业化指数天津略高于北京分别居全国1、2位，河北为29位；科技促进经济社会发展指数北京稍高于天津，北京全国排名第2位，天津全国排名第9位。中间排名的省市多集中在长三角地区的上海、浙江、江苏，河北排名仍然靠后，居全国第22位。

表2-9　　　　2020年京津冀三地科技进步监测指标值及排名

指标名称	北京 指标值（%）	排名	天津 指标值（%）	排名	河北 指标值（%）	排名
科技进步环境指数	89.01	1	87.03	2	45.29	24
科技活动投入指数	76.82	5	76.07	6	47.53	18
科技活动产出指数	100.00	1	87.21	3	19.22	27
高新技术产业化指数	77.25	2	83.44	1	33.42	29
科技促进经济社会发展指数	78.17	2	65.33	9	60.64	22

资料来源：作者整理2020年全国及各地区科技进步统计监测结果得到。

从上述分析看出，京津两地的科技进步环境、科技活动投入与产出水平均在全国排名十分靠前；反观河北科技发展水平低，科技投入活动不足导致科技活动产出不理想，这些因素对河北承接京津两地相关产业提出很大挑战。京津冀三地科技资源配置严重不均衡，京津两地凭借其优质资源和要素吸引了科技创新企业、人才的聚集，而处于同一区域的河北则因公共服务水平偏低、科技创新环境不足而未形成集聚效益。

2.5 京津冀三地科技创新与协同发展的未来方向

2.5.1 推动京津冀三地经济充分均衡发展

党的十九大报告指出，实施区域协调发展战略，着力解决好发展不平衡不充分问题。自 2014 年至今，三地协同发展在产业链对接、协同创新等方面都交出了令人满意的答卷，"十三五"提出协同发展任务目标，"十四五"为京津冀协同创新与发展提出了新的要求，同时也奠定了坚实的基础。北京利用自身优势及现有资源在自身发展的基础上紧抓京津冀协同发展战略，为打造首都核心功能区，疏解非首都核心功能，实现北京充分发展做好准备。天津引进外国资本，利用港口优势广泛地进行国际交流与合作，在现有产业优势的基础上打造世界级产业群。在京津冀三地合力搭建金融类、知识产权类、信息服务类、国际贸易等共享平台，河北作为产业主要承接地，构建产业集群区域服务体系。

2.5.2 推动京津冀三地高质量协同发展

我国改革开放 40 多年来，经济发展方式由高速增长转变为高质量增长，其中需要化解结构性矛盾和环境资源约束，进而实现经济持续健康发展。作为我国主要三大城市群之一的京津冀城市群，想要实现经济高质量稳定发展需要不断推进区域创新协同，应从以下几个方面推进。

在科技创新方面，京津冀三地应当建立科学的促进科技创新产业科技产品和服务的政府采购体系，优先选择发展国内自主研发的高新科技，促进民族产业的健康发展。京津冀是我国科技创新资源最丰富的地区之一，抓紧布局、加速发展未来产业集群，是京津冀产业结构转型升级、壮大协同发展新动能的战略方向。三地的科技信息服务平台有效对接，实现科技资源共享是促进京津冀地区科技创新与协同发展的重要途径，加强对财政科研经费的监督与管理工作。此外，在政治方面，北京应该更加严格规划治理好安全隐患，用更大范围空间布局来支撑国家的政务活动。在文化方面，北京和天津作为历史文化名城，应当利用各自深厚的文化底蕴，积极发展旅游业、文化创意产业等优势的文化产业。在国际交往建设方面，北京应该提升保障国家外事工作能力和水平，全方位地进行交流，优化国际交往服务的软硬件环境。

2.5.3 引领京津冀三地区域数字经济发展

我国数字经济已步入全面融合发展阶段，在连续四年追踪调查的基础上中国新一代人工智能发展开始备受关注，研究数据显示，截至2020年中国人工智能科技将会进入全面融合发展阶段的元年。人工智能技术的创新应用促进了产业升级，带动了产业智能化、信息化发展，它标志着数字经济发展进入新的发展阶段。基于2205家中国人工智能骨干企业技术合作关系数据量化分析表明，在技术合作关系中，融合产业部门占比为72.52%，核心产业部门占比为27.46%。人工智能技术已经广泛赋能传统产业，在人工智能技术赋能三次产业中，占比最高的是第三产业，第二产业次之，第一产业最低[①]。从数字和人工智能技术对第三产业的技术赋能情况看，信息传播、软件及信息技术服务居于首位，其次是科学研究和技术服务。对于以第三产业发展为主的北京而言，大学和科研机构的科研活动成为数字经济和经济社会深度融合发展的重要领域。从数字和人工智能对第二产业的技术赋能来看，制造业、智能装备排名第一，第二是建筑业、电力、热力、燃气、水生产及供应业和采矿业。对于以第二产业发展为主的天津而言，可从制造业、建筑业、智能装备等方面作为发展着力点。对于数字经济发展相对滞后的河北省而言，要充分利用数字和人工智能技术赋能第三产业，其次才是第二产业。究其原因在于数字经济和第三产业的融合度高，技术体系成熟，可以充分发挥网络空间产业生态下移出现的"长尾效应"实现快速赶超。基于网络空间发展，新型创新区通过集聚新型平台、新型研发机构、数字和人工智能企业在内的新动能，加速数字经济发展和经济转型升级步伐。新型创新区是指以数字和人工智能科技产业化和产业数字化为导向的创新区。其主要功能包括两个方面：一是聚集科技创新资源实现数字以及人工智能产业；二是推动实体经济及数字经济协同发展，带动现有产业转型升级。尤其是培育和发展以平台为主导的产业创新生态，成为新型创新区能否全面推动人工智能和经济社会融合的基础。

在"十四五"期间，数字经济发展、规划以及建设将会成为全球经济竞争的核心，建设数字经济产业集群是京津冀区域协同发展的新方向。在数字经济发展上，北京具有技术创新和平台经济优势拉动第三产业发展，天津和河北则具有技术赋能优势大力发展第二、三产业。通过京津冀协同加快三大产业发展，实现核心产业部门和融合产业部门创新循环，从而影响数字经济产业的发展。

---

① 中国新一代人工智能发展战略研究院. 中国新一代人工智能科技产业发展报告［R］.2021：47-50.

第 3 章

京津冀科技创新与协同中存在的问题及原因分析

3.1 存在的问题

3.1.1 政府间协同力度不足、区域发展不平衡

从地域上讲京津冀是一个整体区域，但三地分属于不同的行政区域，这使得京津冀政府协同治理时难以打破自家"一亩三分地"的思维定式，制定规划时更热衷于自身利益，整体的顶层设计不足，难以充分发挥 1+1+1>3 的推动和引导作用。首先，京津冀三地出台了很多适合自身科技创新协同的相关制度法规，但在协同治理层面上还需要总体指导意见，引导三地政府协同发力、共同治理。若没有较为权威的整体性评价指标体系，将使得三地政府协同推进时，只有"点"上的改善，却没有"面"上的协调，从而在京津冀三地各自形成创新协同建设的小循环，加剧了区域间发展不均衡的局面。其次，由于三地政府间协同力度有限，各行政区较难突破过去传统的封闭式治理模式，难以形成对外开放的良好氛围，使得创新环境资源难以溢出。这主要表现在北京率先于 2017 年启动优化创新协同行动计划，天津和河北较北京相比排名靠后。北京对津冀的辐射带动力度有限，使得三地难以实现科技资源的优势互补和互利共赢。北京作为老牌经济强市，如何更好地发挥自身优秀土壤的溢出效应，带动津冀两地科技创新环境优化共建共赢，成为三地政府协同推进区域协同建设亟待解决的问题。

3.1.2 产业结构不合理、要素成本攀升

京津冀三地在产业结构方面存在的问题影响地区经济发展，进而影响科技协

同的整体进程。其突出问题主要有：一是京津冀三地处于工业化的不同时代，河北与天津处在工业化时代的中期或后期，而北京所处的时代则属于后工业化时代。目前北京的产业结构主要是第三产业，其比例已超过80%，而目前河北与天津处在第二产业过渡转型到第三产业的时期，第三产业比重变化较慢。京津冀地区同国外发展水平相当的其他地区或国家平均水平对比，第三产业比重占比约10%以上，在收入水平较低国家该比重已超过56%。产业结构趋于一致不但制约了产业升级或转型，还制约了规模经济的发展壮大，进而对该地区经济发展造成影响。我国基础设施逐步完善、交通运输日益发达、成本逐步降低的前提下，京津冀三地面临的问题是怎样调整优化自己的产业结构，构建彼此分工合作的协作体系。二是北京、天津可用的土地资源日益减少，经济每增长1个百分点，是需要一定面积的土地投入作为代价的。京津两地所辖的陆地面积占比是全国总面积的2.2%，为21.7万平方千米；京津两地常住人口占比约为全国人口数的13%，人口数大于1亿人[①]，从以上数据可以看出该地区平均每人占有的土地面积比全国人均水平要低很多，京津两地平均每人拥有的耕地面积与全国人均水平相比较低，甚至比联合国规定的人均耕地面积的低限值还要低。另外，由于该地区工业占地面积供给不足，导致土地价格逐步上涨，造成企业生产费用不断攀升。三是生产要素如人工费用给企业带来的压力越来越大。该地区企业发展依赖于廉价劳动力成本的方式逐步被改变，生产运营进入高运行成本时期。北京各行业人工费用平均增长超过了15%，天津与河北地区企业劳务成本增幅也超过了30%[②]。正是由于京津冀三地产业结构的发展情况存在差异以及土地、劳动力等要素成本攀升，导致京津冀三地协同进程基础薄弱，难以真正形成协同发展的大格局。

3.1.3　高端人才分布不均、流失情况屡见不鲜

根据《京津冀发展报告（2021）》，京津冀人才结构性矛盾突出。由于经济基础、公共服务水平、区位交通等原因，京津冀三地人才发展不平衡显著。京津冀三地顶尖的院士人才比例为88.5∶7.6∶3.9，北京与津冀两地高层次人才呈现断崖式落差，并且由于人才的马太效应，人才差距还在扩大，不利于京津冀协同发展的进一步深化。同时，京津冀产业结构错位、梯度差异明显。河北的制造业与服务业仍然处在产业链的低端，与京津的差距较大，造成京津冀三地总体产

---

① 叶堂林，李国梁，等.京津冀发展报告（2021）[M].北京：社会科学文献出版社，2021：3-6.
② 叶堂林，李国梁，等.京津冀发展报告（2021）[M].北京：社会科学文献出版社，2021：46-63.

梯次结构不明显，上下游关联程度不高，三地产业对接困难。

京津冀人才流失问题亟待解决。一方面，河北经济发展及公共服务水平与京津相比仍存在差距。2020年京津冀三地人均GDP分别为167638元、90175元和47419元，在全国排在第1、第7和第26位，河北人均GDP仅分别为北京、天津的28.3%、52.6%，在全国排在倒数第6位，造成河北承接京津产业转移、合作共享能力不足，引才难、留才难问题始终存在。2016~2020年，京津冀人才净流入占比分别为-0.4%、-1.9%、-2.9%、-4.0%、-4.5%，人才净流出且流出规模逐渐扩大。京津冀教育发展也存在不平衡问题。艾瑞深校友会网发布的"2020年中国京津冀城市群大学排名"前119所大学中，北京60所、天津20所、河北39所。2020年，京津冀高等学校教育经费收入分别为1264.3亿元、319.8亿元和332.3亿元，津冀高等学校教育经费收入大体持平，约占北京高等学校教育经费收入的1/4[①]。其中，北京市部属高校较多，中央财政支持力度较大，京津冀地区整体的高等教育经费支出占比尤为凸显。

另一方面，如表3-1所示，由2022年京津冀"双一流"大学及建设学科来看，人才比较集中的高校在京津冀地区的分布占比情况。其中北京"双一流"大学占比约为全国"双一流"大学总数的1/4，在京津冀中占比85%；天津"双一流"大学占比仅为全国"双一流"大学总数的0.34%；河北"双一流"大学占比仅为全国"双一流"大学总数的0.06%，在京津冀中占比最小。中国"双一流"大学集中了我国最高水平的科技力量，培养的毕业生是我国最顶尖的人才，另外国家在分配高校科研经费时也常常向这些高校倾斜，科研成果离不开政策和经费的支持。所以，从京津冀地区拥有高校的情况看，在科技创新层面河北与天津处于弱势。

表3-1　　　　　　　2022年京津冀"双一流"大学及建设学科

地区	"双一流"大学及建设学科	
	数量（个）	占比（%）
全国	147	100.00
京津冀	40	27.21
北京	34	23.12
天津	5	0.34
河北	1	0.06

资料来源：作者依据教育部学位与研究生教育发展中心网站数据计算得到。

---

① 叶堂林，李国梁，等. 京津冀发展报告（2021）[M]. 北京：社会科学文献出版社，2021：46-63.

目前，河北与天津高端人才资源匮乏，优秀人才难留，将来若想在竞争中获胜离不开技术创新，而人才是技术创新的基础，因此人才和创新是三地经济发展的源动力。但就京津冀三地现状来看，北京聚集着我国众多科研机关和顶尖高校，是聚集创新和高科技人才的中心。河北与天津在基础设施与医疗教育等配套资源相对北京而言属于资源洼地，优秀人才入驻要求条件高、引进难、留住难。更重要的是，人才向北京汇聚，两地之间需建立互通的人才引进、交流机制和医疗等资源的自由流动，减少人才流动的阻力。调研团队于2021年中调研走访天津科技园区时，工作人员表示目前承接北京非首都功能以及招商引资过来的北京的企业，人才大多住在管委会提供的宿舍或者企业员工宿舍中，而宿舍周边的配套设施较少，很多员工在下班以后的业余生活较为匮乏。因此，中高层管理人员选择回京居住，尤其是在节假日期间，出现了"空城"的景象。由于无法满足人才的日常需求，导致天津无法真正聚集高端人才，人才流失。

3.1.4 技术流通不畅、科技成果转化协同程度较低

3.1.4.1 单一区域发展损害整体利益，项目跨区域迁移难度大

长期以来，发展经济是京津冀三地政府部门最重要的工作，虽然京津冀协同发展战略提升到国家层面，但是还存在着"协同度不足"的现象。这种单一区域发展损害了整体利益，导致项目迁移困难，影响技术流通以及科技成果转化水平。由于北京自身优势明显，资源与科研成果向相对劣势的地区迁移往往会提出较高的要求，且在谈判中居于优势地位，导致天津与河北雄安新区引进科研技术与人才成本高且项目落地实施难度大，这既是两者的地理优势，又是其地理劣势。一旦京津冀协同跨区域发展项目得以实现并形成规模，将为三地经济和生态发展提供强大动力。

3.1.4.2 创新载体及部门较为分散，整合力度不足

在发展科技园区方面京津冀三地存在很大的差距。2020年，以中关村为代表的北京科技园区拥有15455个企业，数量分别达到河北、天津技术开发区企业数量的13.96倍和4.86倍，收入总和高达31亿元，等于5.37倍的河北与天津总收入[1]。从京津冀三地协同技术创新的疏通调解功能看，导致分蛋糕问题出现。主要表现在：一是创新机构与科技转化链条衔接难度大。北京聚集着优秀的科研

---

[1] 根据2021年《中国火炬计划统计资料》与《中国科技统计年鉴》中数据计算归纳所得。

机构，而河北与天津与之相比较少。以高校为依托的重点国家实验室数量情况是：2 个位于河北，4 个位于天津，44 个位于北京，5 个位于辽宁，3 个位于山东；北京拥有 47 个中国科学院下属研究所，而天津拥有数量仅为 1 个，河北拥有数量为 0；北京拥有的国家工程技术研发中心占比达到 19.87%，数量为 65 个，而天津仅有 10 个，河北仅有 3 个，在数量上远低于北京[①]。二是京津冀三地创新机构间联系有限。三地工程中心的数量比美国的总数量还要高，但由于领域特点不够显著，且大部分中心以有关科研部门或企业为依托，与相关产业的对接有限，所取得的技术成果大部分在所依托单位内部转换和运移，三地之间缺少联系和沟通。

3.1.4.3　产学研联盟发展水平低，内生动力不足

产业科研创新战略联盟是由各个创新机构优化整合而形成的，天津主动参与程度较低。2020 年，在我国产学研联盟中科技部挂牌的有 43 个，这些联盟中主要成员只有 2% 来自河北与天津的研究院所、高校和企业，而来自北京的比例却高达 35% 以上[②]。23 家北京科委批准的产学研联盟中，仅有 4 家的主要人员中有来自河北与天津的高校或科研机构。北京处于核心位置，对周边技术输出呈"蛙跳状"。与诺禾致源生物科技有限公司座谈调研中，负责人表示天津科技研究的大环境较弱，企业无法将研发重任全部搬迁至天津，同时政策的灵活性不够，天津市政府要求企业必须与高校合作，深度推进产学研机制，但企业在发展过程中已经积累了雄厚的科研能力，有些项目已不必依托高校力量。本书认为这种博弈过程在部分企业也有存在，使得天津内生动力不足。

3.1.4.4　科技信息共享交流平台有限，存在"信息孤岛"现象

首先，京津冀三地并未完全整合本地区已有的且已经公开的科技信息资源，存在着科技文献信息不全、人才以及科技成果数据有缺失等相关问题，出现信息资源短缺的现象。其次，三地平台之间缺少互联互通的内容，少有搭建可为用户提供其他地区的科技信息资源的链接，用户需要自行搜索其他地区的网站才能实现查阅参考的目的，影响资源的使用效率，尤其是针对两地科技协同信息的共享内容未纳入平台整合的范围内，影响对三地科技协同现状的深入研究。最后，国家级平台的信息资源未整合京津冀区域的相关信息，仅以各省市为科技资源的主要来源，未实现真正的互通共享，产生"信息孤岛"现象。

---

①② 叶堂林，李国梁，等. 京津冀发展报告（2021）［M］. 北京：社会科学文献出版社，2021：46－63.

3.1.5 协同治理机构不完善、利益协调推进难度大

首先,跨区域协同治理缺少权威的机构。在京津冀各省市级行政单位多层次治理模式中,地方政府间存在着上下级、同级、交叉关系等各种复杂关系,这使得地方保护主义、信息不对称等现象出现,影响到区域间政府合作关系的建立。已有的政府间合作还处于一种非制度化状态,一般都是通过各地共同签署的行政协议或一纸承诺的形式进行,其法律效力和稳定性较低,不利于推进跨区域协同治理下的共建共赢。虽然目前已建立起各层级京津冀协同发展领导小组,但其对于区域协同治理的领导带动作用有限。中央层面率先成立的"国务院京津冀协同发展领导小组"具有强烈的"等级制纵向协同"色彩,不利于激发各地方政府协同优化的主动性和积极性。三地随后成立的省市级京津冀协同发展领导小组主要通过不定期的会议安排工作,少有实质性的运行保障,仍然难以突破行政区划限制,无法真正发挥协同实效。其次,平等关系的利益协调机制尚不健全,也是阻碍京津冀协同治理的重要原因。在政府协同治理的有效运行中,如果缺少关于利益表达、利益分配以及利益保障等平等利益协调机制,势必会导致三地政府对区域利益认识不一致或利益目标的不协同,使得协作治理难以推进,如成本共担、利益共享的税收分享政策机制还不完善。税收分享关系着深层次利益,合理的成本共担和利益共享有助于调动产业转移的积极性,有利于中心地区如北京放开束缚去推动本地产业的升级转型,辐射带动周边地区并产生正向溢出效应。如果税收归属问题解决不好,就会导致区域间产业转移受阻,影响企业在京津冀地区的合理流动,不利于发挥市场对资源配置的决定性作用。2015年国务院制定了《京津冀协同发展产业转移对接企业税收收入分享办法》,然而该政策优惠条件门槛过高,符合资格的企业很少,取得的成效甚微。在近几年全面实施"营改增"税制改革的浪潮下,各地政府应当加强协同治理能力,不断完善财税分享的政策探索与设计。

3.2 原 因 分 析

3.2.1 协同治理理念尚需加强、政策存在"碎片化"

协同治理的政策条件是影响区域营商环境一体化的直接因素。三地政府对行政边界的重视导致地区分割,行政力量的强大使得各地政府单独处理自身事务成

为普遍的治理模式，进而影响政府间的合作交流，使得跨区域合作政策存在"碎片化"状态。首先，在政策制定方面，部分企业认为京津冀三地政府对于发展本地经济有思路、有激情，为优化各自科技发展相继出台了一系列政策法规，如北京市先后实施了"9+N"系列创新政策措施；天津市制定了富有天津特色的"一制三化"改革措施。但缺少三地共同签署实施的协同治理政策，如为了打造协同发展试验区，明确各地在交通网络、规划对接等多方面的深度合作，通州区、武清区和廊坊市三地于2017年2月共同签订了《推进通武廊战略合作发展框架协议》，为京津冀协同优化指明了方向，开辟了新路径。系统性协同治理政策的缺乏，影响了三地深度合作。其次，在政策执行方面，三地政府在跨区域合作中，遇到自身局部利益和区域整体利益发生冲突时，难以综合考量区域整体利益，顾及自身局部利益最大化，出现了执行标准不一致的现象。在各地政府相互竞争的驱动下，政策环境一体化建设极易走向"地区割裂"趋势，协同治理政策的"碎片化"明显，难以提升区域"用户体验"，更不利于整体优化的实现。

政策机制的协同创新在加强京津冀协同治理中发挥着基础和保障作用，但在调研中却发现了很多问题。一是京津冀三地政府对于企业跨区域经营中资质、产品认证和对接机制还不完善，给企业跨区域创新经营带来很多困惑。根据现有政策规定，如果一个企业从北京迁至天津或河北，那么相关资质许可和产品认证都需要在迁入地重新申请办理，但审批时间长、程序繁杂，会影响到企业的转移和落地；又比如企业的异地监管政策机制还不健全，大大增加了企业迁移后重新报批审核文号的时间成本，制度性交易成本的增加阻碍了区域协同治理的整体优化。二是北京非首都功能疏解遭遇体制机制障碍。协同治理政策的欠缺，使北京很多优秀企业向天津和河北两地转移时顾虑重重，许多制造业顾虑在转移离京后，难以享受到在京的各种优惠措施，在后续的经营发展中难以得到同等的行业监管保障。如在食品药品监管行业，国家政策要求食品药品实行属地监管。北京市某药品企业在迁入河北后，就要按照河北当地的相关政策重新办理各种业务，同时监管权相应地转入当地的食品药品负责部门。企业跨区域迁移过程中遇到的手续繁琐、时间成本高等问题，不利于激发企业异地发展的积极性；还有企业反映北京优质科技资源向外转移时如何跟津冀协同联动，企业转移过程中出现的用水用电用地等困惑该找哪个政府协调，以及迁入企业如何享受到本地减税降费政策等具体问题。

3.2.2 缺少平衡区域经济发展差异性的体制机制

3.2.2.1 政府治理机制缺少活力

由于京津冀三地的产业发展侧重点和科技创新能力等因素的不同，导致京津冀三地的发展路径主要是以自我发展为中心的发展模式。但同时三地政府为各地的利益保护主义导致三地在科技创新协同过程中的责任与利益划分矛盾凸显，此外，三地政府科技协同机制尚未健全，京津冀三地科技创新能力和科技协同水平有待提升。由于三地受到传统思想影响较深，三地产业发展层次和各自定位界限模糊，少有形成统一的协调机制，最终导致三地无法对接。目前的产业梯度发展中同质化问题体现较为明显，尽管京津冀创新与协同发展战略中把三地视作一个整体，天津、北京以及河北在过去有着诸多各种层面和形式的交流与合作，但还在一定程度上存在"协同度不足"的现象，特别是关系到自身地区利益时表现尤为突出。各地方政府为了尽可能获取自己的最大利益，不仅着力使地区经济快速发展，在这期间还运用政府权力干涉所辖区域的经济活动，避免本地区人才、科技、产业等资源转移到其他地区。一方面，河北与天津优秀企业数量较少，根源在于部分政府部门市场意识较为单薄，还存在着封闭保守的观念，这种思维观念难以涵养出企业茁壮成长的"生态湿地"。另一方面，天津开展"双万双服促发展"活动以及"一制三化"制度改革后，仍存在着"水流不到头"的情况，影响到营商环境的提升，优质企业引进比较困难。

3.2.2.2 财税体制单一、激励效果有限

一是财政税收政策方面未有效衔接。在科技协同方面三地分属于不同的行政区划，其政策衔接还存在诸多需要进一步完善的问题，这就直接影响到这三个地区科技协同的有效发展。另外，其他区域的新技术和产品尚未在京津冀政府购买商品目录中优先考虑。目前财政税收政策未能实现有效衔接制约着三地科技协同发展，必须进行一体化统筹规划考虑来解决这一问题。二是成本分担机制未进一步明确。京津冀创新与协同发展过程中关于企业产业对接转移方面出台了相关管理办法即《税收收入分享办法》，明确了税收分享的相关事宜，但是这只是其中一方面需要考虑的问题，另一方面还需要考虑成本分担机制。三地在协同发展过程中存在缺少利益分配和成本资金分担相应机制和利益互相博弈的问题。

此外，政府间在利益方面存在博弈现象。当共同利益与地方利益冲突时，三地政府都倾向于保护自身利益，但当下追求共同利益才能推动三地政府彼此协同合作。如果共同利益同他们的自身利益相同时，三地政府都会很愿意选择合作，当彼此利益发生冲突时，他们都将尽可能保护自身利益，使其最大化。在协作过程中，很难避免一些利益上的矛盾，怎样平衡三地政府的利益，整合他们各自的需要，将是需要解决的首要问题。而且，三地在协同发展过程中缺少利益分配和成本资金分担的相应机制。科技创新过程中需要投入大量资金，且具有风险高、回收周期长等特点。当某个地区转移科技产业时，对该地区来说，企业搬走后不

但将造成搬迁地流失部分税源，还需要考虑如何补偿搬迁企业以及空闲下来的土地将来如何规划、整理、建设等问题。而针对谁承担迁入地为了接收迁入企业所花费的土地整理费、征地费用以及怎样分摊等问题，都缺少明确的管理办法以及相应规定。最后，因为公共服务均等化和环保等方面条件的制约，在一定程度上将影响到搬迁科技企业，谁负责补偿并且进一步完善上述差距，三地在分摊成本方面还未建立起长效机制，国家在如何统筹安排调配两地资金和横向转移资金和支付机制等方面都未予以明确规定。

3.2.3 缺少高端科技人才流通共享机制

3.2.3.1 保障制度和法律法规尚不完善

目前实行的户籍管理制度主要限制了京津两地的人才引进和人才流动，对河北省影响较小。北京由于其资源优势，汇聚了中国大量的高端人才，尤其是科技人才，从而人才流动出现了"只进难出"的梗阻。在人才强国战略下，天津大力集聚顶尖人才、领军人才、高端人才、青年人才等各类优秀人才，加快建设"五个现代化天津"。2018年天津制定《"海河英才"行动计划》，在计划政策出台后的96小时内，天津经历了4次政策微调。这种频繁"打补丁"的行为是为了杜绝"拿天津户口，去外地工作"的现象，但在实际操作中也被无时无刻不在与变化政策博弈的人们钻空子，并且政策对北京人才的吸引程度不够，难以达到引进优质人才的目标。同时，三地政府主要是为人才共享创造有利条件，但是各种保障条件，如老人看病、孩子入学、社会保障等问题尚未提出有效的解决措施，这就造成很多尖端人才对于人才共享不具备主动性和积极性。有关制度法规法律仍然处在建立过程中，无法确保人才的自身利益得到有效保障，使诸多协商与合作缺少法律和制度保护，导致人才共享机制难以实现相应效力。

3.2.3.2 培养顶尖人才方面未统筹计划安排

当前我国已开启全面建设社会主义现代化国家的新征程，到21世纪中叶，将建成富强民主文明和谐美丽的社会主义现代化强国，在此过程中需要靠创新性资产投入和人才驱动，尤其需要顶尖创新人才。顶尖人才的创新活动具有思维特异化、需求高阶化、峰值年轻化、积累持续化四大规律，培养造就顶尖人才，要从顶尖人才创新规律出发，从提供跟踪式科研项目、经济补助等政策，转向定制化研发资助、非共识研发资助、会聚创新资助和科研生涯持续资助。满足顶尖人才自我实现和自我超越的需求，不仅要保证顶尖人才的美好生活，还必须大力培育充满活力的创新人才生态。现在,京津冀三地实施人才共享通常只是引进使用已有人才,对于人才培养工作还缺少重视,需要进一步针对性地培养人才。但人才供给和需求存在区域性匹配不合理的问题,部分专业具有充足的尖端人才资源,但市场需求却不匹配,这就造成人才智力浪费问题。然而市场对于部分专业的尖端人才的需求量极大,但从事该专业的人才却非常缺乏,很难实现很好的共享,主要是由于北京目前缺少以"迁出"为方向的科技人才政策,难以合理有序地引导人才向河北与天津缓释。

3.2.3.3　京津冀人才数据信息一体化水平有待提高

当前,京津冀正在规划建设人才资源信息资料统一共享和发布系统,并开展了为数不多的人才交流合作活动。因此,三地人才共享机制如人才交流信息数据分析和挖掘、求职和招聘等数据信息平台还需要进一步加强。科研成果共享和宣传、人才交流预警与监控、专家信息资源、产业分布等信息分析和搜集等工作都对当前共享机制的缺少提出了挑战。加强京津冀地方性人才政策出台前的协调沟通工作,避免各地无序竞争、过度竞争。一方面做好"增量"工作,如统一的人才评价机制、人才认定标准、个税减免优惠、绩效奖励等;另一方面做好"减量工作",列出不适合长三角区域整体的地方性人才引进、使用、培养、流动政策、法规清单,逐步清减。

3.2.4　缺少以市场为导向的技术转移、成果转化路径

3.2.4.1　知识产权流通不顺畅

一是对于管理知识产权交易方面的职能较为分散。我国在管理知识产权方面,特别是针对产权交易管理方面权力较为分散。比如市场监管局负责管理商标交易,知识产权局负责管理技术专利的交易和转让,版权局负责管理著作权交易。而知识产权交易的重要组成部分为著作权、商标和技术专利的交易。一个地区的三个及以上政府部门有知识产权交易的管理职能,针对各个部分都执行各自的规章制度,京津冀三地若要构建科学合理的自由交易知识产权的完善有效机制最少需要六个部门来共同完成,这就要求顶层设计务必完善方能实现。然而因为各个分管部门由不同的上级管理部分领导,部分部门由地方管理总局负责管理,部分部门属于垂直业务指导,这导致较难完成上述顶层设计。基于这种实际情况,就要求实际过程中积极探索,并进行不断完善。二是评估知识产权过程中缺少相关互信机制。在知识产权进行交易过程中,历来存在知识产权评估等难题。

知识产权进行交易过程中，不能回避、不能缺少的关键要素是估价。评估知识产权所拥有的价值，必须有专业的技术团队，并且评估机构的公信力也须达到相关要求和认可。如果一旦处理欠妥，易导致纠纷或是生出歧义。知识产权评估对于知识产权贷款、入股等相关问题将产生直接影响，因为知识产权评估方面两个地区之间不能互认互通有关评估机构，在知识产权评估过程中部分环节需进行多次评估。比如知识产权在北京购买，那么签订交易合同评估需要在北京进行。在这之后如果需要将知识产权在河北、天津的企业中入股，那么还要在两地进行第二次评估。因为三地评估过程中聘请不同的专家，也不熟悉其他地区的评估机构和专家，彼此之间不够信任，所以造成三地的评估标准不统一，因而不能实现互信互认。

3.2.4.2 京津冀三地科技成果转化路径不畅通

科技成果转化是京津冀三地科技创新体系研究的重要内容，有助于提高经济运行绩效水平，加快实施创新驱动发展战略。目前京津冀三地科技成果转化路径不畅通主要体现在：一是先进生产和科技创新之间尚未完成深层次对接，承接尚未形成特定规模。因为北京科研成果的转化和外流格局呈现"东南飞"趋势，河北和天津并不在北京科研成果的转化和外流的首选范围之列。2020 年，北京与珠三角地区签订的技术合同额度达到 302 亿元，与浙江、上海、江苏等长三角地区签订的技术合同额度达到 292 亿元，为北京与外省市技术输出合同总成交额度的 25.5%，而与河北、天津签署的技术交流合同额度是 49.3 亿元，只占北京与外省市技术输出合同总成交额度的 2.12%[1]。另外，河北与天津科技成果转化为先进生产行业的数量不大，转化链条还没能实现有效连接，这与将天津建设成为现代化高端生产研发转化基地的构想不吻合，三地科技研发中心与天津先进工业的深层次对接的难点还未被完全破解。二是承接的主要方式是为政府提供平台、企业院校地区协作，市场化主动转化对接不积极。同珠三角、长三角等地区相比，三地科技成果承接转化方式以政府推动为主要方式，市场作为主体时承接转化北京科研技术成果不够主动。以市或者区县政府作为主体或牵头组织与北京著名企业、科研单位或高校、中关村管委会签订合作合同模式仍旧是北京科技成果承接的重要方式，主体为企业主动进行成果转化的项目规模和数量均比较小，整体对接和转化的能力不强。当前，中关村企业在北京之外地区设立分支机构中仅有 2.8% 设在天津，并且中关村企业在国内北京之外地区签署的并购案中只有少

---

[1] 许倞，贾敬敬，张卫星，等. 2021 全国技术市场统计年报 [M]. 北京：科学技术文献出版社，2021：5 - 9.

数发生在天津，来自珠三角和长三角的并购案占比高达60%以上[①]。三是承接结构形式为深度技术合作研发的方式较少，主要是服务型合作形式。由河北与天津承接的北京科研成果转化合作项目主要为技术服务和指导，大部分为技术咨询和服务等，科技含量高的项目，如合作开发、技术委托及转让等项目数量很少。北京与河北、天津进行的技术交易合同类别中，90%为技术咨询及服务类，同比外省市相同类别技术交易合同占比高5%[②]。这充分说明京津冀科技创新成果交流协作和联动欠缺，三地先进生产研发和科技创新互相协作支持的潜力未被挖掘。四是科技软环境对于科技服务市场的支撑能力不足，发展动力薄弱。近一时期，天津科研院所、众创空间、孵化器的规模急剧扩大，然而科技服务能力总体上看较弱。科技服务活动在天津市场的活跃度较低，科研推广、法律金融、科技中介和信息等专业领域从事技术服务的机构难以满足市场需求，对企业发展和技术成果转化服务的支持能力不足。另外，缺少在全国范围内被认可的技术服务平台和运营能力整体水平较高的科技服务先进企业。

[①②] 许倞，贾敬敬，张卫星，等.2021全国技术市场统计年报［M］.北京：科学技术文献出版社，2021：5-9.

第 4 章

促进京津冀科技创新与协同的财政政策

4.1 科技创新与区域协同的财政支出界定

本章所指的财政科技支出是以政府部门为主体，通过财政预算安排，用于科学基础研究、应用研究、技术研究与开发等方面的支持。财政科技支出是科技计划体系建设的资金保障，我国目前的科技计划体系包括国家自然科学基金、国家科技重大专项、国家重点研发计划、技术创新引导专项（基金）、基地和人才专项五个方面，中央和地方财政相应地在五个方面给予资金支持，资助方式呈现出多样化的立体格局。本章从不同角度对财政科技支出形式进行分类，分析政府引导基金、财政补贴、财政贴息、贷款担保等形式的支出特点和激励机制。

4.1.1 财政科技支出的部门界定

就财政科技资金的支持模式看，目前已形成了以科技部门为主体的多部门投入模式，各部门在科技计划项目的资金分配和监管中进行合理分工、协同合作。从部门支出看，财政资金在科技工作中的分配结构通过预算收支科目来体现。随着政府收支科目体系的改革，形成了功能分类和经济分类相结合的收支分类体系，其中功能分类科目既能反映各级政府和部门在履行科技职能方面的投入总量和结构，也能呈现出科技活动的特点和支出结构。

《中华人民共和国科学技术进步法》对科技部门的工作进行详细划分：整体科技工作的宏观统筹和管理协调由科学技术行政部门负责，其他相关部门在统一协调下负责技术进步的其他相关事项。相应的科技资金也由以科技部门为主体的多个部门归口管理,如中央财政科技经费主要涉及财政部、国家发展改革委、工业和信息化部、农业农村部、中科院、教育部等部门和单位。为了有效组织科技投入工作,各部委都设立了科技部门来管理科技资金的分配和使用。

科学技术部[①]归口管理的科技资金主要用于重大科技创新基地建设、应用性社会公益研究、国家科技成果转化引导基金、科技交流与合作、科技重大项目等方面。财政部门是财政资金的核心分配机构,负责财政科技资金协调机制的综合协调和组织工作,归口管理中央民口财政科技资金。工业和信息化部归口管理的科技资金主要用于生物制药、航天材料、信息技术等方面的技术创新与技术进步,并通过国家支持的重大科技专项推进相关科研成果产业化,推进以数字经济为特征的软件业、相关信息服务类等新兴产业发展,组织重大技术装备的自主创新和消化创新。国家发展改革委归口管理的资金用于支持重大产业化示范工程、重大成套装备的研制开发和国家重大科技基础设施建设,组织推动技术创新和产学研联合,推动国民经济新产业的形成,支持以关键技术的工程化集成、示范为主要内容的国家高技术产业化项目,或以规模化应用为目标的科技自主创新成果转化项目。

农业农村部负责组织实施农业科研重大专项,以及农业领域的高新技术和应用技术研究、农业科技成果转化和技术推广以及国外先进技术的引进。中国科学院围绕社会科学研究重点,科学合理安排经费,为哲学社会科学研究提供资金保障。教育部的科学技术支出以专项科研基金(如高等学校博士学科点专项科研基金)和教育基金的方式,资助高校教师在自然科学、哲学、社会科学方面的基础研究,以及高技术领域的应用研究。

4.1.2 财政科技支出的预算界定

在现代预算体制下,政府预算收支中对于财政支出一项有明晰的反映,可以看出我国一级政府对科技创新方面的投入资金与投入力度,并可以对财政在科技创新方面的总支出进行加总。根据财政科技支出界定范围的口径来看,小口径包括一般公共预算中"科学技术支出"这类科目,中口径将一般公共预算的其他科目囊括进来,大口径进一步扩大至政府性基金预算和国有资本经营预算。所以,从全口径预算体系下看,政府预算包括四类:一般公共预算、政府性基金预算、国有资本经营预算、社会保险基金预算。

---

① 2018年国务院机构改革方案,将国家外国专家局、国家自然科学基金委员会由重新组建的科学技术部管理。

4.1.2.1 财政科技支出的小口径预算界定

小口径的科技支出体现在一般公共预算中的"科学技术支出"科目下,如表4-1所示。"科学技术支出"下设"基础研究""应用研究""技术研究与开发""科技条件与服务""社会科学""科学技术普及""科技交流与合作"等款级科目。

表4-1　　　　　　　　　　　科学技术支出结构

科学技术支出	科学技术管理事务	行政运行、一般行政管理事务、机关服务、其他
	基础研究	机构运行、重点基础研究规划、自然科学基金、重点实验室及相关设施、重大科学工程、专项基础科研、专项技术基础、其他
	应用研究	机构运行、社会公益研究、高技术研究、专项科研试制、其他
	技术研究与开发	机构运行、应用技术研究与开发、产业技术研究与开发、科研成果转化与扩散、其他
	科技条件与服务	机构运行、技术创新服务体系、科技条件专项、其他
	社会科学	社会科学研究机构、社会科学研究、社科基金支出、其他
	科学技术普及	机构运行、科普活动、青少年科技活动、学术交流活动、科技馆站、其他
	科技交流与合作	国际交流与合作、重大科技合作项目、其他

资料来源:作者依据政府预算收支对财政支出划分汇总而得。

表4-1所示的科学技术支出结构体系显示,我国的国家创新体系是以前瞻性基础研究和应用基础研究为科技创新体系的基石,通过财政的科技投入实现引领性原创成果的重大突破,加强在重要科技领域原创研究的财政支持。在基础研究成果上,应用研究针对某一特定的实际目的或目标进行的创造性研究,通过社会公益专项科研、试制支出和高技术研究支出为基础研究的实际运用进行探索性研究;以财政资金促进科技成果的扩散和转化,通过财政贴息、政府引导基金的方式为市场主体提供融资支持,促进科技成果的转化。事关国计民生的重大社会公益性研究,以及国家安全的战略性、基础性、前瞻性重大共性关键技术的科技,为国民经济和社会发展主要领域提供持续性的支撑和引领。

以原科学技术部 2020 年一般公共决算[①]"科学技术支出"为例,在基础研

---

① 2018 年,国家将科学技术部、国家外国专家局、国家自然科学基金委进行职责整合后,三个部门的财政预算仍然单独编制,此处呈现的是原科学技术部的部门预算数据。

究、应用研究等领域进行比例不同的财政资金支持。如表4-2所示，科技重大专项和科技条件专项在总支出中占比较高，这表明科学技术部的科技支出具有明确的指向和用途，集中资金支持前瞻性重大科学问题、重大共性关键技术，为国民经济和社会发展主要领域提供持续性的支撑和引领。从科技支出的性质看，99.1%的资金用于项目支出。

表4-2　　原科学技术部"科学技术支出"科目2020年一般公共决算数　　单位：万元

款级科目	项级科目	基本支出	项目支出	合计
科学技术管理事务	行政运行	54177.26	—	74253.97
	一般行政管理事务	—	10853.08	
	机关服务	5838.04	3385.59	
基础研究	重点实验室及相关设施	—	266744.15	377999.06
	机构运行	—	56111.46	
	重大科学工程	—	16963.40	
	专项基础科研	—	1776.45	
	其他基础研究支出	—	36403.60	
应用研究	社会公益研究	—	15506.82	73666.12
	高技术研究	—	58159.30	
科技条件与服务	科技条件专项	—	4728.17	4728.17
科技重大项目	科技重大专项	—	7116.35	7652.21
	其他科学技术支出	—	535.86	
合计		60015.30	478284.23	538299.53

资料来源：中华人民共和国财政部.2020年中央基本建设支出预算表［EB/OL］.（2020-06-17）［2021-04-11］.http://yss.mof.gov.cn/2020zyys/202006/t20200615_3532222.htm.

4.1.2.2　财政科技支出的中口径预算界定

在中口径的科技支出预算界定中，将一般公共预算的其他涵盖科技支出的科目纳入进来。

（1）类级科目"一般公共服务支出"下"知识产权事务"中涵盖的科技创新支出。"专利审批"和"其他知识产权事务支出"反映了实施国家知识产权战略方面的支出，以及实施国家专利产业化工程、扶植拥有自主知识产权的新技术及其产业化等方面的支出。由于知识产权能够为研发企业提供一定时间和范围的垄断保护，使企业免受市场竞争而获取超额利润。中央本级的知识产权事务支出全部体现在了国家知识产权局的预算中,其他部门并无此类支出,在部门内部涉及知识产权的支出在总支出占50%的比重,如表4-3所示。

表4-3　　国家知识产权局"知识产权事务"科目2020年决算支出　　单位:万元

项级科目	款级科目	基本支出	项目支出	经营支出	合计
知识产权事务	专利审批	—	555331.54	—	555331.54
	行政运行	60685.80	—	—	60685.80
	一般行政管理事务	—	14044.73	—	14044.73
	事业运行	429485.88	266.54	—	429752.42
	其他知识产权事务支出	—	12632.84	810.31	13443.14
部门总支出		490171.68	582275.64	810.31	1073257.62

资料来源:知识产权服务业统计调查报告编写组.2020年全国知识产权服务业统计调查报告[R].2020:20-26.

(2)类级科目"资源勘探电力信息等支出"下,款级科目"支持中小企业发展和管理支出"下的项级科目"科技型中小企业技术创新基金""中小企业发展专项"反映促进中小企业技术创新的支出[①]。主要是通过拨款资助、贷款贴息和资本金投入等方式扶持和引导科技型中小企业的技术创新活动,促进科技成果的转化。2018年原科学技术部预算中,"资源勘探电力信息等支出"总预算为20765万元,其中"科技型中小企业技术创新基金""中小企业发展专项"两项支出为20630万元,占"资源勘探电力信息等支出"的99.3%。中央本级一般公共预算中"科技型中小企业技术创新基金""中小企业发展专项"两项支出为2.06亿元,可见除科学技术部外,其他部门无此类支出[②]。

(3)类级科目"农林水支出","农业—科技转化与推广服务"用于支持农业技术普及应用于农业生产产前、产中、产后全过程的活动,以及农业科技成果的转化;"水利—水利技术推广""南水北调—技术推广"用于水利技术的推广和应用;"农业综合开发—创新示范"通过支持高产高效生态示范基地建设、农产品产后初加工、品牌营销服务、农业经营体系创新等关键领域引领全国农业现代化建设;"普惠金融发展支出—创业担保贴息、补充创业担保贷款基金"用于支持农村的创业资金供给。

---

① 中华人民共和国财政部.2020年政府收支分类科目[M].北京:中国财政经济出版社,2019.
② 中华人民共和国财政部.2020年中央基本建设支出预算表[EB/OL].(2020-06-17)[2021-04-11].http://yss.mof.gov.cn/2020zyys/202006/t20200615_3532222.htm.

其他如"国土海洋气象等支出—海洋管理事务—海洋矿产资源勘探研究"科目反映海洋、矿产资源勘探研究开发支出,"国防支出—国防科研事业"科目反映了用于国防科研方面的支出。国防科技支出分为军事专用性支出和军民通用性支出。第一类支出的直接功能是增强国家安全,间接功能是通过提供良好的经济增长环境而促进经济增长;第二类支出则能够直接增加经济增长机会。

总体来看,一般公共预算涵盖了中小口径的科技财政支出。如表4-4所示,科技财政支出的增长率呈逐年递增的趋势,由2017年的8.0%增长至2019年的12.6%,地方的增长速度比中央快。但由于2020年新冠肺炎疫情的暴发,2020年整体财政支出都呈负增长。从结构上看,地方的投入比重略高于中央,地方的投入比重由2017年的59.2%增加到2020年的62.8%;小口径的支出(科学技术科目)在财政科技支出总额占绝对比重,一直维持在85%左右,且逐年递增。

表4-4　　　　　　　　全国财政科技支出情况①

年份	项目	科技财政支出（亿元）	比上年同期增长（%）	占财政科学技术支出的比重（%）
2017	合计	8383.6	8.0	—
	其中：科学技术支出	7267.0	10.7	86.7
	其他功能支出中用于科学技术的支出	1116.6	-6.7	13.3
	其中：中央	3421.5	4.7	40.8
	地方	4962.1	10.5	59.2
2018	合计	9518.2	13.5	—
	其中：科学技术支出	8326.7	14.6	87.5
	其他功能支出中用于科学技术的支出	1191.5	6.7	12.5
	其中：中央	3738.5	9.3	39.3
	地方	5779.7	16.5	60.7

① 本表中科学支出的统计范围为一般公共预算中安排的支出项目,即本章所界定的中、小口径的支出。

续表

年份	项目		科技财政支出（亿元）	比上年同期增长（%）	占财政科学技术支出的比重（%）
2019	合计		10717.4	12.6	—
	其中：科学技术支出		9470.8	13.7	88.4
		其他功能支出中用于科学技术的支出	1246.6	4.6	11.6
	其中：中央		4173.2	11.6	38.9
	地方		6544.2	13.2	61.1
2020	合计		10095.0	-5.8	—
	其中：科学技术支出		9018.3	-4.8	89.3
		其他功能支出中用于科学技术的支出	1076.7	-13.6	10.7
	其中：中央		3758.2	-9.9	37.2
	地方		6336.8	-3.2	62.8

资料来源：根据历年《全国科技投入公报》汇总而得。

4.1.2.3 大口径的科技支出预算界定

在大口径的科技支出预算界定中，把政府性基金预算和国有资本经营预算中体现科技支出的预算科目纳入进来。

政府性基金预算中涵盖的科技支出，主要包含："核电站乏燃料处置基金"（"科学技术支出"科目下）；"新菜地开发建设基金"（"农林水支出—技术培训与推广"科目下）；"散装水泥专项资金"（"资源勘探信息等支出"科目下）。其中核电站乏燃料处置基金用于乏燃料的运输和离堆贮存，并提取有价值的物质。新菜地开发建设基金部分用于专业技术人员培训、新技术引进和技术推广。散装水泥专项资金部分用于科研、新技术开发、示范和推广支出。基金款项采用专款专用的资金管理方法，就收支管理权限看，核电站乏燃料处置基金由中央政府进行管理，地方基金预算中不安排这项基金的收支。而后两个基金则由地方进行管理，中央基金预算中不进行安排。

国有资本经营预算中涵盖的科技支出。款级科目"国有企业资本资本金注入"下，项级科目"国有经济结构调整支出"用于支持装备制造业发展、中央文化企业产业升级与发展等；"支持科技进步支出"反映用国有资本经营预算收入安排的用于科学技术方面的支出，用于科技创新及科技成果转化等方面的支出

"前瞻性战略性产业发展支出"用于国家集成电路产业投资基金注资等支出。根据《关于2021年中央国有资本经营预算的说明》，国有经济结构调整支出159.5亿元，用于国有企业优化产业布局、保产业链供应链稳定、文化产业升级与发展、政府投资基金注资等；前瞻性战略性产业发展支出215亿元，用于支持提升中央企业关键领域自主创新能力；生态环境保护支出12亿元，用于支持中央企业加大污染防治投入；对外投资合作支出20亿元，用于支持中央企业"走出去"；金融企业资本性支出350亿元，主要预留对金融企业注资，防范系统性金融风险；其他国有企业资本金注入7.52亿元，主要是新疆兵团安排的国有企业注资支出[①]。

4.2 促进京津冀科技创新与协同的财政支出政策分类

4.2.1 财政科技支出的方式分类

国家级财政科技政策众多，政策的扶持对象、目标各有差异，对其进行归类，有利于从总体上把握我国财政对科技创新的支持范围和重点。国家级财政科技政策的着眼点在于明确政策的指导思想、基本原则和建设目标，多数政策法规未对财政支持的数额和具体标准进行具体规定，而是将具体措施的决定权限授予了地方政府。

从支持方式看，财政科技支出可以分为无偿资助、股权投资、政府采购三种方式，如图4-1所示，分别以财政拨款、财政注资、需求创造的方式，增加企业的资金供给，刺激企业的创新需求。从财政资金与市场的交换方式看，分为资金的单向转移以及资金和物品的双向转移，如无偿资助是向资助对象进行单向的资金转移，股权投资则按照市场化的有偿方式进行运作，政府采购通过与创新个体之间资金和物品的交换间接提供支持。

4.2.1.1 无偿资助

无偿资助是我国财政科技拨款的主要方式，通过直接或潜在的资金或债务的转移向资助对象提供支持。无偿资助可以依据资金拨付的时间点不同而分为前补

[①] 中华人民共和国财政部. 关于2021年中央国有资本经营预算的说明[EB/OL]. (2021-03-23)[2021-10-11]. http://yss.mof.gov.cn/2021zyys/202103/t20210323_3674883.htm.

助和后补助。前补助是指项目立项后核定预算,并按照科研项目合同或任务书确定的拨款计划及项目执行进度,核拨项目经费的支持方式。后补助是指从事研究开发和科技服务活动的单位先行投入资金,取得成果或者服务绩效,通过验收审查或绩效考核后,给予经费补助的支持方式。后补助突出结果导向,能够有效激发企业创新内生动力,建立以企业主导的产业技术创新机制。如表4-5所示,两种补助方式在资金拨付方式、补助依据、受益对象、验收形式方面存在差异。

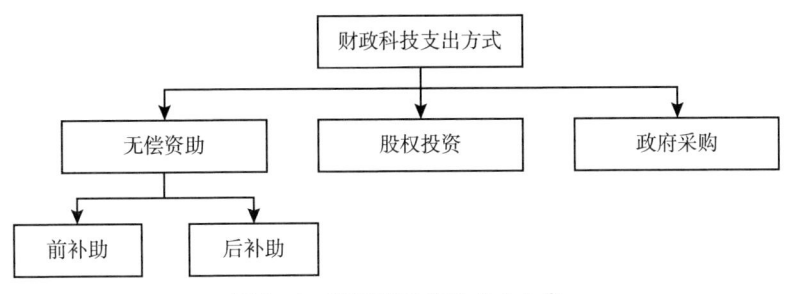

图4-1 科技财政支出方式分类

表4-5　　　　　　　　　　无偿资助的方式比较

补助方式	资金拨付方式	补助依据	受益企业	验收形式
前补助	事前或分阶段拨付	立项项目	立项企业	财务验收
后补助	事后一次性拨付	绩效考核指标	研发成果通过验收审查的企业	技术验收

资料来源:作者依据政府无偿补助方式划分汇总而得。

财政科技拨款是解决企业资金困境的最直接措施,能够及时补充企业在研发、科技成果转化及产业化等方面的资金需求。如表4-6所示,中央和地方财政科技拨款在公共支出中的比重维持在4%左右,地方的投入比重高于中央。

表4-6　　　　　　　　　国家财政科技拨款及其占比情况

年份	财政支出（亿元）	财政科技拨款（亿元）	中央财政科技拨款（亿元）	地方财政科技拨款（亿元）	财政科技拨款占财政支出的比重（%）
2011	109247.8	4902.6	2649.0	2433.6	4.49
2012	125953.0	5600.1	2613.6	2986.5	4.45
2013	140212.1	6184.9	2728.5	3456.4	4.41
2014	151785.6	6454.5	2899.2	3555.4	4.25

续表

年份	财政支出（亿元）	财政科技拨款（亿元）	中央财政科技拨款（亿元）	地方财政科技拨款（亿元）	财政科技拨款占财政支出的比重（%）
2015	175877.8	7005.8	3012.1	3993.7	3.98
2016	187755.2	7760.7	3269.3	4491.4	4.13
2017	203330.1	8383.6	3421.5	4962.1	4.12
2018	220906.4	9518.2	3738.5	5779.7	4.30
2019	238874.2	10717.4	4173.2	6544.2	4.48
2020	245588.4	10095.0	3758.2	6336.8	4.11

资料来源：根据历年《全国科技经费投入统计公报》汇总而得。

（1）前补助和后补助的适用领域。对于基础性和公益性研究，以及重大共性关键技术研究、开发、集成、示范和科技人才培育等科技活动，一般采取前补助方式支持。如对于面向社会开展公共研发服务并取得绩效的各类科技基础条件基地等，则采取后补助方式支持。但两种方式的使用也不是完全割裂开来，将二者进行综合使用，更能体现财政对创新行为的多元化支持功能，以投资保障的形式对创业投资企业和初创期科技型中小企业进行支持。创业投资机构将正在进行高新技术研发、有投资潜力的初创期科技型中小企业确定为"辅导企业"后，引导基金对"辅导企业"给予资助。

（2）前补助和后补助的资金分配方式。在资金分配方式上，采用前补助方式支持的专项资金，主要按照竞争立项方式进行分配。采用后补助方式支持的专项资金，按照科技计划项目及专项资金后补助管理有关规定分配管理，由项目承担单位自主安排用于科研活动、科技成果转化和科技产业发展等。

（3）后补助的具体方式。后补助包括事前立项事后补助、奖励性后补助及共享服务后补助等方式。事前立项事后补助是后补助最典型的资助方式，充分体现了后补助管理"先实施，后拨款"的特点。这种补助方式适合具有一定经济实力和抗风险能力较强的企业，主要原因在于这种补助方式需要单位先行垫付资金投入研发，如果达到目标项目完成，则会按照约定方式给予补助，如果项目未完成则没有补助，这种补助方式按照《国家科技计划及专项资金后补助管理规定》中提到的WTO补贴与反补贴协议中不可申诉补贴的认定条件的有关规定，将后补助的补助额度界定为项目预算的50%以内。奖励性后补助的资助对象解决国家急需的、影响经济社会发展的重大公共利益或重大产业技术问题等发挥关键作用的相关原创成果。共享服务后补助主要为支持科技部、财政部认定的国家科技基础条件平台发展、提高科技资源开放共享服务水平而实施的补助。

4.2.1.2 股权投资

股权投资是指由各级政府通过预算安排，以单独出资或与社会资本共同出资设立，采用股权投资等市场化方式，引导社会各类资本投资经济社会发展的重点领域和薄弱环节，支持相关产业和领域发展的资金。股权投资是财政资金"拨改投"的具体方式，对创新创业行为的支持由无偿资助转为有偿方式运作。目前股权类投资的形式以政府引导基金为主，根据支持对象的不同，分为图4-2所示的三类引导基金。引导基金不直接从事风险投资活动，而是通过参股创业投资机构发挥引导基金的杠杆作用，引导社会资金进入创业风险投资领域。

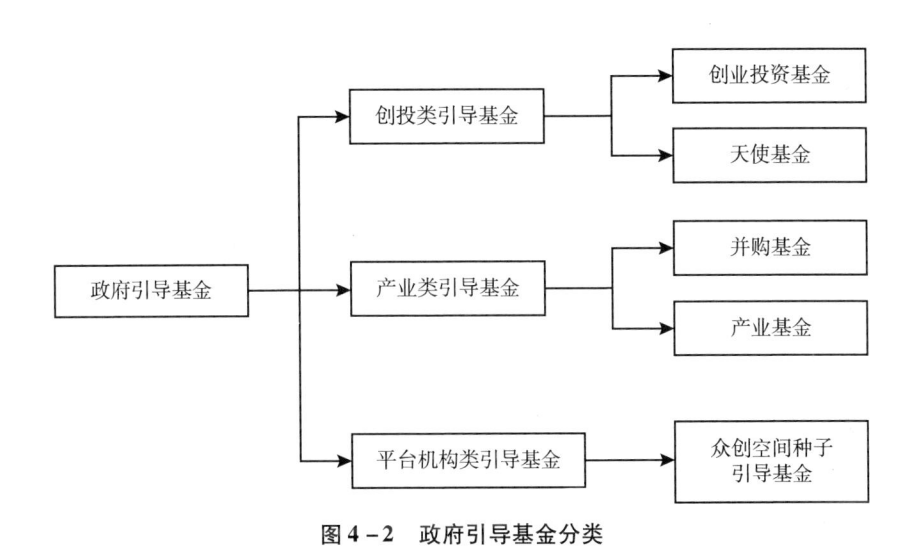

图4-2 政府引导基金分类

（1）运作方式。第一，支持阶段参股。即引导基金向创业投资企业进行股权投资，主要支持发起设立新的创业投资企业。第二，支持跟进投资。即对创业投资机构选定投资的初创期科技型中小企业，引导基金与创业投资机构共同投资，并在约定的期限内退出。第三，风险补助。通过贷款风险补偿、融资担保等措施，对已投资于初创期高科技中小企业的创业风险投资机构予以一定的补助，增强创业投资机构抵御风险的能力。第四，投资保障。创业引导基金对有投资价值，但有一定风险的初创期中小企业，在先期予以资助的同时，由创业投资机构向这些企业进行股权投资的基础上，引导基金再给予第二次补助，以解决创业风险投资机构因担心风险、想投而不敢投的问题，尤其适用于对于科技企业孵化器等中小企业服务机构。

(2) 支持目的。创投类引导基金的宗旨是扶持创业风险投资企业的发展，以政府资本引导社会资金进入创业风险投资领域，投资于科技型中小企业。在创投类引导基金的撬动下，我国创业投资迅猛发展，如表4-7所示，我国产业类引导基金主要是指通过投资产业基金、并购基金等子基金，引导社会资本支持重点产业发展，促进支柱产业和新兴产业的发展。平台机构类引导基金引导众创空间运营商设立种子基金，用于对初创项目的借款以及收购创业者的初创成果，向众创空间内的创业大学生发放岗位补贴和社会保险补贴。

表4-7　　　　　　　　全国创业风险管理资本总额

项目	2011年	2012年	2013年	2014年	2015年	2016年	2017年	2018年	2019年	2020年
管理资本（亿元）	3198	3312.9	3573.9	5232.4	6653.3	8277.1	8872.5	9179.0	9989.1	11072.6
较上年增长（%）	32.9	3.6	7.9	31.7	27.2	24.4	7.2	3.5	8.8	10.84
基金平均管理资本规模（%）	3.72	3.52	3.26	4.48	4.66	4.05	5.6	4.8	5.2	5.9

资料来源：中国市场调研网．中国风险投资行业现状研究分析及发展趋势预测报告［R］.2021：26-39.

(3) 投向领域。与传统的"撒胡椒面"式的财政扶持方式相比，引导基金的投向具有明确的目标性。产业引导基金主要投向市场前景广阔的高新技术项目，这些项目具备以下特征：属于战略型新型技术领域或高技术创新领域，尤其是处于初创期、早期原创度较高的技术成果，或是具有消化吸收再创新的科学技术。科技成果转化基金主要投向国家科技计划、地方科技计划及其他由事业单位产生的新技术、新产品、新工艺、新材料、新装置及其系统等支持使用财政资金转化形成的科技成果。

4.2.1.3　政府采购

政府采购具有明确的政策导向功能，能够从需求侧引导企业开发并生产自主创新产品。通过政府采购向中小企业预留采购份额、评审优惠等措施，完善对中小微企业创新的支持方式，支持自主创新产品的研究和应用，如国家鼓励政府采购以首购或订购的方式扶持自主创新产品的开发与使用，尤其对于符合国民经济发展方向和代表先进技术发展方向的产品，国家研究开发的重大创新产品、技术等。

4.2.2　财政科技支出的对象分类

从财政补贴的对象角度，如图4-3所示，财政科技支出可以分为促进资金

第4章 促进京津冀科技创新与协同的财政政策

融通补贴、平台机构资助、创新人才资助。

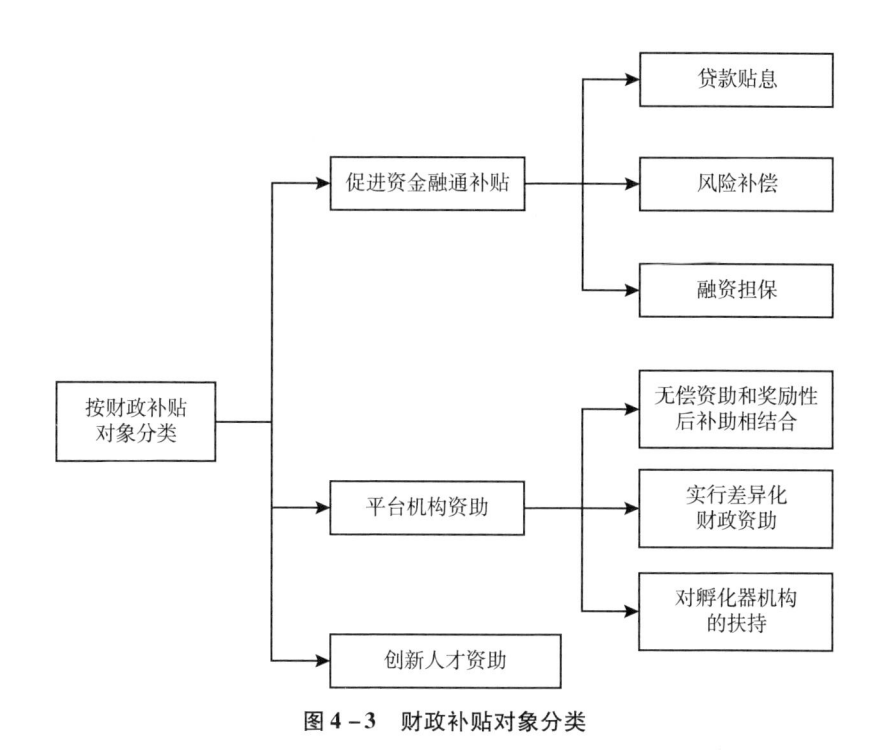

图 4-3 财政补贴对象分类

4.2.2.1 促进资金融通补贴

资金投入是企业创新的核心要素之一，创新过程中的融资支持决定着企业创新行为的可持续性。由于科技成果转化的投资周期长、风险性大，银行出于资金安全性的要求，对企业的信贷趋于保守，融资担保机构的盈利性经营策略进一步制约了中小企业的融资需求。"融资难、担保难"会导致创新主体在创新过程中因难以筹集到足够的资金，不得不推迟甚至放弃创新项目而承担融资风险，这种融资风险在科技型中小企业中表现得非常明显。对能够给科技型企业提供资金的银行机构、担保公司提供财政补贴，健全贷款和担保体系，增强企业的债务融资能力。促进资金融通补贴的方式包括贷款贴息、风险补偿、融资担保。

（1）贷款贴息。贷款贴息是指借款人从银行业金融机构获得贷款的利息由政府有关机构或民间组织全额或部分负担，借款人只需要按照协议归还本金或少部分的利息。作为政府向企业提供的一种间接补贴形式，能够降低企业的贷款利息，降低科技企业的融资成本，部分化解企业的融资风险。贷款贴息资金来源于政府引导基金、科技型中小企业技术创新基金等，投资于具有一定技术创新性、需要反复调试、进入小批量生产、银行已贷款或有贷款批准意向的项目中。按补贴对象，分为两种补贴方式。第一，将贴息资金直接以补贴的方式拨付给补贴对象。贷款企业获得科技贷款并偿付了相应的利息之后，凭获得贷款和偿付利息的有关资料申请报销，相应的贴息款一次性支付给企业。第二，将贴息资金拨付给贷款银行，由贷款银行以政策性优惠利率向企业提供贷款，受益企业按照实际发生的利率计算和确认利息费用。

（2）风险补偿。风险补偿具体资助方式包括贷款风险补偿、创业投资风险补偿。为激励金融机构向科技成果转化环节提供资金，通过科技成果转化基金对用于转化科技成果的贷款给予一定的风险补偿，以此来补偿金融机构在支持企业具有自主知识产权的科技成果产业化过程中的贷款损失。《科技型中小企业创业投资引导基金管理暂行办法》中规定以引导基金的方式对已投资于初创期科技型中小企业的创业投资机构予以一定的补助。创业投资机构在完成投资后，可以申请风险补助。引导基金按照最高不超过创业投资机构实际投资额的5%给予风险补助，补助金额最高不超过500万元人民币。风险补助资金用于弥补创业投资损失。

（3）融资担保。融资担保机制能够以少量财政资金带动大量民间资本进入金融科技创新领域，被称为"创新资金的放大器"，是破解企业融资难、融资贵问题的重要手段和关键环节。科技型中小企业由于其创立时间短、承担风险能力不强、信用记录不足、可抵押资产少等劣势导致其在融资担保机构难获青睐，影响市场信贷的投放。政府助力解决担保难的问题，主要通过新设、控股、参股等方式，设立财政出资为主的政策性融资担保机构，作为科技企业和创业者的融资中介，以政策性融资担保机构作为连接商业银行信贷资金、投资机构资本资金与科技企业的桥梁。

4.2.2.2 平台机构资助

众创空间等新型创业服务平台依托专业化、开放式的信息服务共享平台，在营造良好创新创业生态环境的同时，形成创新创意、社会资本与市场需求的有效衔接。为促进创新创业平台的发展，国家出台了鼓励支持企业等社会组织成立众创空间的诸多政策，资助各类新型创业服务平台发展。

（1）无偿资助和奖励性后补助相结合。第一，众创空间的补助主要依托于国家新兴产业创业投资引导基金与国家中小企业发展基金等政策性基金的补助，用于其房租缴纳、公共软件、宽带接入、办公用品等。这类财政补贴通过降低众创空间的运作成本，促进软件、硬件设备的完善，以完备的创业生态环境吸引创业者的积聚。第二，奖励性后补助。科技部门委托第三方中介机构，对符合条件的众创空间进行绩效评价，根据绩效评价结果，择优对部分众创空间分档给予资助。

（2）实行差异化财政资助。第一，线下和线上资助并行实施。降低对实体营业场所、固定资产投入等硬性指标要求，将对线下实体众创空间的财政扶持政策惠及网络众创空间。第二，加大对小微企业创业基地建设的支持力度。与大中型企业相比，小微企业和个人创业者的创业风险更大，对创业基地的技能培训、管理指导具有很强的依赖性。对小微企业创新平台的支持体现在利用中小企业专项资金，大力推进小微企业公共服务平台和创业基地建设，加大政府购买服务力度，为小微企业免费提供管理指导、技能培训、市场开拓、标准咨询、检验检测认证等服务。

（3）对孵化器机构的扶持。为加大对孵化器机构的支持、引导和公共服务供给，需扩大资金投入力度，加大财政资金支持。综合运用图4-4所示的多种财政支持方式，引导孵化器良性发展。

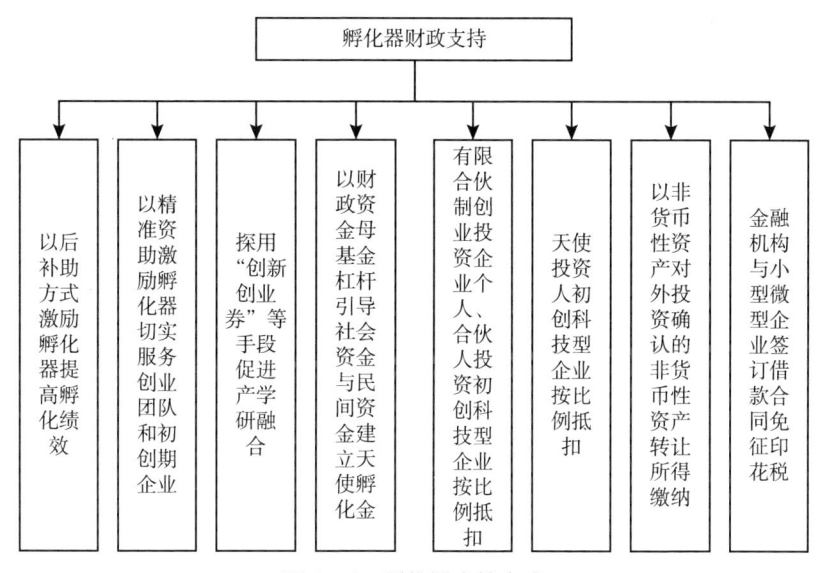

```
                      孵化器财政支持
    ┌────┬────┬────┬────┬────┬────┬────┬────┐
    以   以   采   以   有   天   以   金
    后   精   用   财   限   使   非   融
    补   准   "   政   合   投   货   机
    助   资   创   资   伙   资   币   构
    方   助   新   金   制   人   性   与
    式   激   创   母   创   初   资   小
    激   励   业   基   业   创   产   型
    励   孵   券   金   投   科   对   微
    孵   化   "   杠   资   技   外   型
    化   器   等   杆   企   型   投   企
    器   切   手   引   业   企   资   业
    提   实   段   导   个   业   确   签
    高   服   促   社   人   按   认   订
    孵   务   进   会   、   比   的   借
    化   创   产   资   合   例   非   款
    绩   业   学   金   伙   抵   货   合
    效   团   研   与   人   扣   币   同
         队   融   民       投       性   免
         和   合   间       资       资   征
         初       资       初       产   印
         创       金       创       转   花
         企       建       科       让   税
         业       立       技       所
                 天       型       得
                 使       企       缴
                 孵       业       纳
                 化       按
                 金       比
                         例
                         抵
                         扣
```

图4-4 孵化器支持方式

4.2.2.3 创新人才资助

创新人才资助主要通过项目资助的形式，支持一批具有较好专业基础和较大发展潜力的优秀青年人才成长，支持各区县、各部门和各类用人单位创新人才培养机制、完善人才工作体系，促进首都高层次人才队伍建设。将资助项目分为青年骨干个人项目、青年拔尖个人项目、青年拔尖团队项目和人才工作集体项目等

四类。

其中,青年骨干和青年拔尖个人项目申报人须具有中国国籍,热爱祖国,拥护党的路线、方针、政策,遵纪守法,具有良好的政治素质和职业道德,且全职在京津冀地区工作,对其给予不同资助。青年骨干个人项目申报条件:申报人须具备本科及以上学历,具有一定工作经历。技能人才不受学历限制,但须具有技师及以上职业资格。申报人须具有较好专业基础和较大发展潜力。申报人未获得过省部级及以上各类项目资助,且未作为项目负责人承担过省部级及以上科研项目。对基层一线企事业单位、远郊区县的申报人员给予适当倾斜;对申报内容涉及城乡合作、央地合作和京津冀合作的项目给予适当倾斜。青年拔尖个人项目申报条件:申报人须取得博士学位,具有广阔的学术视野和创新思维,具备突出的专业基础和发展潜力。艺术创作和创业实践人才可适当放宽学位限制。中央在京单位申报人员所申报项目应与北京市重点发展行业或科技发展重点领域密切相关,或其专业成果可在京津冀地区转化应用。

此外,青年拔尖团队研究选题着眼于解决首都经济社会发展的重大问题,研究方向应符合首都城市发展战略定位,侧重研究京津冀地区协同创新发展,具有较高的创新性和示范性。

4.3 当前财政科技支出政策存在问题及原因分析

4.3.1 财政科技支出总量不足、补贴形式不当

4.3.1.1 科技型创新类企业财政补助不足

财政科技投入规模是国际上衡量一个国家或地区科技创新能力的重要指标,是促进企业科技创新的政策基础,要逐步提高财政科技支出占财政总支出和GDP的比重。在政府补助形式选择上,由于创业板上市企业大多规模较小、经营风险较大,政府无偿资助将在短期内增加企业经营绩效、降低经营风险、激励技术创新,但由于政府与企业之间信息不对称以及创新外部性的存在,将导致补贴资金的低效率使用以及企业对政府补助的依赖。所以应充分发挥政府补助作用,采用贷款贴息、政府采购及政府引导性投资基金形式,逐步降低无偿资助比例,引导市场需求和更多社会资金进入企业创新。同时,以绩效评价为基础,配套相应的奖罚措施,对政府补助绩效好的科技创新类企业加大补助力度,对绩效较差的企

业减少补助或者不再补助,以避免寻租行为。

4.3.1.2 财政补贴形式和对象选择不当,易埋下"反补贴"的隐患

由于国内市场容量有限,又会在极大程度上提高企业低价高量进入国际市场并遭遇反补贴措施的可能性,光伏产业遭遇双反调查即为典型案例。在遭遇美国和欧盟的双反调查后,中国光伏产业受到打击,多家领军型企业由于市场萎缩和债务负担过重而破产重组。课题组对美国近年对华反补贴调查裁决报告梳理发现,在涉及政府补贴项目的案件中,裁定某市政府提供的可反补贴项目主要集中在政府赠款一类,低价提供土地、电力、原材料等财政补贴方式以及税收减免或返还不仅容易导致接受补贴企业采用非理性急速扩张和低价竞争的发展战略,而且容易导致其他国家根据 WTO《补贴与反补贴措施协议》对企业产品实施"反补贴"调查,进而对企业进军国际市场产生不利影响。课题组调研中发现,有个别计划进军国际市场的科技型企业近年来以不同形式接受了大量政府部门的财政补贴,最高者甚至达到 5000 万元财政补贴。反补贴措施不仅阻碍了产业发展,也造成了各级政府财政资源的巨大浪费。因此,对于海外市场企业而言,政府应该审慎提供政府补助。一方面,要尽量通过改善营商环境和提供信息支持等非资金支持类措施为企业提供帮助;另一方面,也要建立完善的贸易摩擦预警机制,尽早防范国外贸易救济风险并预先采取应对措施。

4.3.2 财政科技投入的结构有待优化

对不同成长阶段、不同行业的科技创新类企业实施差异化政府补助政策。众多学者虽然证实政府补助对科技创新类企业经营绩效具有促进作用,但促进力度不大,且数据显示补助对象极其广泛,同时在不同行业间呈现出不同效果。因此,政府在补助对象上要加以区分,避免"撒芝麻盐"方式,企业在初创期、成长期、成熟期、衰退期也应区别对待。有些企业或产业在发展初期规模较小、融资能力有限、需要资金量大、不确定性较高,政府补助应起到更好的支持和激励作用,对促进企业科技创新的效用也最大。对于有一定规模的科技型企业而言,其体量和资产规模较大、融资能力较强、资金雄厚,更宜使用财政贴息方式,不仅可以节省财政资金,还能撬动社会资金进入科技创新领域起到杠杆作用,提升企业经营绩效。在行业选择上对传统行业企业,要重点考虑如何促进其产业升级,在进行研发经费资助和科研奖励的基础上,采用财政贴息方式,鼓励商业银行给予企业贷款,拓宽企业创新升级资金来源渠道。而对于新兴朝阳产业,应重点考虑人才引进及融资渠道扩展。落实政府在创新创业人才方面的扶持力度,制

定人才引进专项补贴政策。在融资渠道方面，应充分发挥政府引导作用，发展风险投资，如由政府成立创业投资基金，将政府资金作为基金的一部分，采取专业化市场化基金管理模式，可规定投资成功几年后，股份可以原价出让给基金投资者。若基金经营失败，则损失由政府和投资者共同承担，以吸引社会资金进入，发挥政府引导作用。

4.3.3 财政科技投入绩效评价制度有待完善

总的来看，财政科技支出绩效评价办法、评价的内容、指标和标准设计、绩效评价的操作过程、评价结果的应用等方面缺少制度性的保障，财政支出绩效评价带有明显的审计特征，涉及项目实施结果方面的评价指标设定过于宏观。调研过程中，发现问题主要表现在以下几个方面：一是由于获得财政资金的科技型企业众多，且企业发展阶段不同、所属产业行业差别较大，部分科技项目专业性也较强，较难建立一套系统的绩效评价体系和办法。二是从具体考核指标设定来看，未考虑无形资产的因素，量的要求多质的要求少，部分考核指标的设定未充分考虑科研规律。考核指标更多侧重于考核技术、财务安排以及资金使用去向是否合规，指标中涉及使用效益方面的评价，也就是绩效指标中的项目实施效果指标设定过于宏观。根据第三方的绩效考核报告来看，诸如产业结构优化、对经济社会可持续发展方面的指标，这些都是用来评价一个产业或者是行业，或者是评价宏观经济运行效果的，不适合单独评价一个项目。三是项目验收做绩效评价时，考察财政科技投入绩效往往只局限于项目本身，特别是项目实施过程以及项目结果，更注重资金的用途是否符合规定，而忽略了其他综合因素（比如环境改善等隐性社会收益）。

4.3.4 针对科技创新的补贴意识和管理理念有待提升

4.3.4.1 基层政府补贴意识还需提高

精准使用补助政策，优化政府补助项目，优选政府补助对象。使政府补助项目精准作用于科技创新类企业，提升企业技术研发能力和产品附加值，进而提升企业经营绩效。可鼓励相关领域企业成立研发联合体，将财政科技创新类补贴政策主要用于支持研发联合体。通过研发联合体的科技创新成果助力企业提升技术水平与产品附加值，增强企业核心竞争力。同时，要特别注意避免企业由于获得政府补助而采取急速扩张和低价竞争策略。对于成长期企业而言，提供财政补贴和信贷支持等措施将在一定程度上导致企业非理性加速扩张。

4.3.4.2 基层政府缺少创业投资专业知识导致不敢担责

个别政府基层管理人员对借力风险投资培育本地优质企业意识欠缺，进而导致民间资本投资意愿比较低，积极性不高，和北京、深圳等地区相比差距较大。如某创投引导资金众创空间设在某区，此创投资金也想将配套的基金注册为有限合伙制企业落户，但受清理非法集资的影响，基层政府领导怕担责任而未接受该企业注册。

第 5 章

促进京津冀科技创新与协同的税收优惠

5.1 科技创新与区域协同的税收激励政策

为研究税收政策对企业产生的激励效应,需要明确过去到现在制定的政策。从财政部法规数据库、国家税务总局法规库、税屋网及其他法律政策网站搜集整理截至 2021 年末有效的激励企业科技创新的税收政策,本章梳理出相关税收政策文件 59 个。

5.1.1 按税种分析

如表 5-1 所示,截至 2021 年底,我国有 18 个税种,与企业科技创新密切相关的税种共 7 个,其余 11 个税种暂无相关政策直接支持企业科技创新。过去奖金税、建筑税、营业税、产品税和投资方向调节税都有相关政策支持企业科技创新,由于已经取消,在本章中不再作为重点分析。

表 5-1　　　　　　　2021 年税收政策税种分布　　　　　　单位:个

涉及税种	税收政策数目
企业所得税	32
个人所得税	6
增值税	21
关税	18
消费税	2
房产税	5
城镇土地使用税	6

资料来源:作者依据我国政策税种划分汇总而得。

企业所得税是我国企业使用的首要税种,对各个税进行合计后发现企业所得税优惠政策最多。从20世纪80年代起,国家就开始颁布与科技创新相关的企业所得税优惠政策,对纯利润减税免税,改变对成本费用列支的范围、方式、标准,调整企业的投资方向和生产行为。增值税是我国激励企业科技创新所采用的另一个主要税种,1994年税制改革创立了以流转税和所得税为"双主体"的税制,2009年开始增值税改革,采用消费型增值税,企业购买设备含有的增值税准予抵扣。改革前,增值税政策大多与进口仪器或者外商购买国内设备相关,与关税联系密切。而现行增值税税收优惠政策多是对企业无法生产或者国内商品性能不能满足需求的科技研发产品免于征收进口增值税和进口关税。此外,软件、动漫等行业销售的产品增值税即征即退。1994年,财政部、国家税务总局出台了第一条与科技创新相关的个人所得税政策,至今尚未取消。总体来看,我国对科研技术人员的政策较少,而科研技术人员是提升创新能力的关键所在。

我国现行激励企业科技创新的税收政策条款较多,现对运用较多、影响较大的一些税收政策做一简要回顾。

5.1.1.1 企业所得税

(1) 减免税。一年中居民企业让渡技术的所得额小于等于500万元,免征企业所得税;大于500万元的部分减半征收。我国境内通过认证的软件企业,从盈利当年起,第一、第二年免征企业所得税,第三年至第五年减半征收。全国计划内的核心软件企业,若全年未获得任何税收优惠,以10%的比例征收企业所得税。从事环境保护、节能节水工程,自工程获得首笔营业收入的年份起,第一年至第三年免征企业所得税,第四至第六年减半征收。

(2) 低税率。全国重点帮扶的、通过认证满足要求的高新技术企业和先进服务企业以15%的比例征收企业所得税。

(3) 研发费用加计扣除。根据《关于完善研究开发费用税前加计扣除政策的通知》,企业的研发费用,未成为无形资产算作本期损益的,先据实扣除,再以本年现实产生额的50%,从应纳税所得额中扣除;成为无形资产的,按其成本的150%摊销。为了进一步鼓励企业科技创新,《关于提高科技型中小企业研究开发费用税前加计扣除比例的通知》提高了研发费用税前扣除的比例,科技型中小企业实际发生的研发费用,未成为无形资产算作损益的,先扣除,2017年1月~2020年12月期间,再以实际发生额的75%税前扣除;构成无形资产的以175%税前摊销。2021年10月,国家首次允许企业10月预缴企业所得税时,提前对前三季度研发费用进行加计扣除,相当于让企业提前至少3个月享受了全年

3/4 的优惠。

（4）加速折旧。生物药品制造业等六大行业的企业，购买研发和经营同用的机器，单价低于 100 万元，计算应纳税所得额时可一次扣除；超过 100 万元，可选择加速折旧的方法。因技术更新换代，企业的固定资产折旧可以收缩时间或采用其他加速折旧的方式。集成电路企业的仪器，经有关部门审核后，折旧时间可收缩，最少为三年。

（5）结转抵扣。创业投资企业对未上市的中小高新技术企业进行股权投资，期限达到 2 年以上，股权注入满两年的，首年投资额的 70% 可抵减创业投资企业的应纳税所得额，当年不足抵减可延期抵减。购买符合要求的安全经营、环境维护及节能节水装置，投入额的 10% 允许抵免应纳税额，不足抵免，结转后期，但以 5 年为限。

5.1.1.2 增值税

增值税一般纳税人独自开发的软件按规定征税后，税负大于 3% 时实施即征即退。增值税一般纳税人销售原创动漫软件按规定征税后，税负大于 3% 时实施即征即退，动漫产品出口免征增值税。内外资企业及外商投资企业引进的前沿技术，若此项技术在《国家高新技术产品目录》中列示，在对外支付环节豁免征收增值税。内外资企业及外商投资企业因科研、实验而进口的机器，免征增值税。一些大型机器装备及具有出口勉励导向的创新品，出口退税率由 13% 提至 17%；一些治疗药物、生物产品的出口退税率均有相应提升。

5.1.1.3 个人所得税

企事业单位、社会团体和个人等力量经过行政机关或公益组织捐赠基金给相关创新中心，应纳税所得额 30% 之内，允许在支付个人所得税前扣除。省级政府、国务院各部委及国际机构给予的科学、技术、卫生、环境保护等类别的奖励，免征个人所得税。外籍专家签订科研协定后来华工作，工资由该国承担，其工资免征个人所得税。

5.1.1.4 其他

符合条件的中小企业技术类服务平台，进口本国无法生产或国内商品性能欠佳而难以满足现实需求的科技研发产品，免征进口增值税、关税与消费税。科技企业孵化器自用或租赁房产和土地给其他单位，免征房产税与城镇土地使用税。动漫企业自行研发、产出商品，要进口的材料，免征进口增值税与关税。

5.1.2 按税收政策工具分析

如表5-2所示，我国激励企业科技创新的税收政策工具呈多元化发展趋势，具体分析各种激励方式，免征、减征、税率优惠政策工具运用较多。因操作简便收效较好，为激发创新，国家在企业所得税、增值税、关税等层面推出了很多减免税政策。1999年后，国家更加注重间接优惠方式的使用，1996年企业的技术开发费用计入管理费用，且不受比例限制。若年增长幅度达到10%以上，则加计扣除50%，后取消限制条件，企业的研发支出150%加计扣除，2017年开始又对科技型中小企业实施研发支出175%加计扣除的政策。加速折旧是我国一直都在运用的间接优惠方式，目的在于鼓励企业加快更新设备的速度。

表5-2　　　　　　　　　2021年税收政策工具分布　　　　　　　　单位：个

税收政策工具	税收政策数目
免征	42
减征	19
税率优惠	14
税前扣除/加计扣除	12
加速折旧	4
投资抵免	2
先征后退/即征即退	7

资料来源：作者依据我国税收政策工具划分汇总而得。

5.1.3 按支持企业创新活动的不同阶段分析

我国推进企业科技创新的税收政策遍及企业创新的每个关键，投入、研发、应用、销售等步骤都有政策进行支持。如表5-3所示，从数量看，对生产最为重视，与生产投入、技术引入、设备翻新有关的税收政策较多。随着企业科技创新的地位日益提高，政府支持其发展科技创新业务的政策不断增加，特别是1999年后针对研发出台了一系列政策，与研发费用抵减相关的税收政策在持续更新。在应用上，注重成果转化、产业化、营销。科技服务、职工培训的税收政策也逐渐推出，尽管政策数量不多，但也改良了创新环境。

表5-3　　　　　　　　2021年激励政策环节税收政策　　　　　单位：个

激励环节	税收政策数目
创新投资	5
生产资料	12
技术引进和设备更新	13
研发费用抵扣	8
研发设备折旧	2
研发经费投入	6
科研用品投入	7
科技成果转化和产业化	11
产学研结合	2
科技服务	2
职工教育培训	2
营销	10
其他	12

资料来源：作者依据我国激励政策环节划分汇总而得。

5.2　当前税收政策积极效应及国内外税收政策借鉴

5.2.1　当前税收政策积极效应

5.2.1.1　税收分享政策探索新模式

当前京津冀区域的税收共享政策，与山东飞地的经济模式有一些相似之处，进一步确定了京津冀三地的税收共享机制，减少了税收收入的差距，激发了三地产业转移热情。北京市作为京津冀区域经济协调发展的重要区域，在推动产业转移方面取得了明显成果。截至2021年底，京津冀协同发展成果显著，基于工业和信息化部的宏观引导，京津冀三地签署了产业转移合作协议，其中北京机场空港经济区已经着手筹备产业项目建设；北京、天津、河北大数据走廊、正定中关村IC封装测试园等项目也在稳步建设，天津市的非首都功能得到较大提升，从而形成了"1+16"发展结构。在这些大步调影响下，河北雄安新区规划建设已经提上日程，如今河北省与雄安新区联合签署发展协议，实现了共同发展。

5.2.1.2　税收优惠政策促进减税降负

税收激励是国家稳定增长、调整结构、造福人民的一项重大举措，也是促进我国经济结构调整的一项重大举措。除表5-3列出的各项政策之外，国家还将开展中关村自主创新示范区的税务减免试点活动，目前正逐步向全国范围内推行。2017年，国家率先对北京、天津、河北等8个地区进行了改革试点。2018年7月，京津冀公司制创业投资企业采取股权投资方式直接投资种子期、初创期科技型企业满2年的，可以按照投资额的70%在股权持有满2年的当年抵扣该公司制创业投资企业的应纳税所得额。同年启动计划鼓励了个体投资人，优惠空间大大提升。通过这些做法既能缓解我国的经济压力，又能促进我国工业结构优化与协调，加速促进跨省市区的投融资活动、技术创新、招商引资合作等，以税收优惠带动区域产业转移和经济创新。2021年初，中关村针对发展公司型创投企业给予了优惠，鼓励长期投资，并对符合条件的公司减免不同程度的所得税。其中转让年限超3年的股权所得，超过年度股权转让所得总额50%的企业可减少一半税收；转让年限5年的股权所得，超过年度股权转让所得总额50%的企业可减免所有税收。不难看出，该政策鼓励了长期投资，是典型的投资期限越长缴纳企业所得税越少的反向挂钩制度，通过这些措施可增加创业者信心及耐心，并鼓励更多创业者投资企业，推动了企业做强做大。开展技术转让所得税优惠，鼓励技术创新、技术转化，并在北京市确定了6个园区开展示范活动，凡是在这些园区注册的居民企业，在一个纳税年度内，营收不超过2000万元的部分免征企业所得税，超过2000万元部分减半征收企业所得税；通过这些措施激发了创业者创企热情，也契合万众创新、大众创业的精神。

5.2.1.3　税收征管政策不断与时俱进

2014年，京津冀启动了税收政策协调机制，统一税收标准，调整税收政策。三地在政策管理体系中彼此承认了彼此的情况，简化税务组织以及工作流程，轻松实现了区域迁移，注册及税务管理流程也得到简化。对跨界贸易活动，创新提出了"一次网上申报"流程。通过建立信息共享机制，实现了共享税务信息，强化对非正常税务账户监管，并形成了跨地区奖罚激励机制、税务风险共同承担机制，为纳税人提供优质的服务。国家税务总局积极整合线上税务服务平台及12366热线，推动三地信息交流。如改革了北京、天津、河北三地的跨区纳税征收管理。2015年三地税务部门联合签署了《京津冀税务稽查协作备忘录》，创立了我国第一个"双跨"稽查协作机制，为其他地区的协同税收管理提供了参考。

这些简化且创新的税收征管体系，形成了开放和谐的商事氛围，为投资引财提供了便捷渠道。

5.2.2 国外税收政策借鉴

5.2.2.1 美国

美国是全球最大的经济体，但由于历史原因，地区发展也呈现了不均衡性。美国东部、北部、西部和南部地区的经济发展存在着很大的差异，这给美国均衡化的经济发展带来了很大的障碍，甚至还造成了政治动荡。

（1）各级政府制定不同税收优惠政策。截至2021年底，美国实行了不同的税收制度，以帮助经济落后地区保留资本要素，提高本区的经济发展能力。美国通过对西部地区实施税收优惠政策来刺激西部地区的经济发展，其主要途径是对各地方政府实行不同程度的税收激励。在联邦一级而言，在贫穷地区运营和雇佣本地人的公司可以获得税收优惠和投资优惠，而对那些在贫穷地区进行投资的公司则可以获得年度所得税减免优惠。在各州一级而言，政府通过减免州所得税来推动其经济发展，并对那些在贫穷地区进行投资的，为本地居民创造了工作岗位，以及吸纳了失业或没有技术的劳动者的公司给予奖励，也就是根据社会贡献值来确定对这些公司的州所得税减免。另外，还降低了州个人所得税，不同州采用了不同标准的个人所得税税率。如某一公司位于国家贫穷地区，如果没有技术要求，在雇用了足够多的员工之后，公司就可以享受到税收优惠政策。2022年初，美国针对2021年提交联邦所得税申报表的个人适用扩大的税收福利，主要包括：第一，扩大的子女税优惠。即使家庭在2021年下半年收到了月度预付款，也可以申请这项优惠。第二，增加的儿童及被抚养人看护费用优惠。支付日托费用以便工作或寻找工作的家庭，每名符合条件的人可获得最高达4000美元的税收优惠，两名或以上符合条件的人可获得最高达8000美元的税收优惠。第三，更大规模的收入所得税抵免。美国救援计划提高了无子女工作者的收入所得税抵免。还有一些变化可以帮助有孩子的中低收入家庭。第四，纾困金退税额。错过了2020年第三轮经济影响补助金（EIP3）的人（亦称为刺激计划补助金），可能有资格申请纾困金退税额。该退税额可以帮助没有收到全额的第三轮经济影响补助金的符合条件的人，包括那些在2021年迎来新子女的民众。第五，慈善捐赠扣除。大多数使用标准扣除的纳税人可以扣除在2021年进行的符合条件的现金捐款。已婚共同申报的夫妇，现金捐款最高可扣除600美元，个人纳税人最高可扣除300美元的捐款。此外，针对大额现金捐赠、使用逐项扣除的纳税人通常有资格在 2021 年进行全额扣除。①

（2）建立州际税收协调机制。美国公司跨州运营很常见，但州法律都规定了本州的税收权力，而且各州之间的企业所得税立法规定也有所不同，跨州公司所得税分摊问题已经成了各州争论的焦点。美国建立了较为完善的州际税收协调税制，有利于各州间的税收公平、公正地分配，有利于推动不同州间的产业转移，有利于州间的经济发展。美国负责税务协调的机构是跨州税务理事会，促使联邦和地方政府根据不同地区的经济状况来决定其应缴纳多少税款。2022 年初，对于州际之间企业研究与开发税收抵免，自 2018 年开始总收入低于 5000 万美元的企业可以使用这一抵免来抵消替代性最低税，某些可能没有任何所得税责任的初创企业，也可以用该抵免来抵消工资税。由于全球疫情变化美国继续推进工作机会税收抵免，将《2021 年综合拨款法案》延长至 2025 年，工作机会税收抵免适用于雇用长期失业人员（失业 27 周或以上）的雇主，一般相当于支付给新雇员的前 6000 美元工资的 40%。②

5.2.2.2 OECD

OECD 以着力推进国际税收体系重塑为目标，包括数字经济在内的多项经济税收相关问题由 G20 授权 OECD 进行政策研究③。面对数字经济的快速发展，其税收管理最大的问题是 OECD 税基侵蚀和利润转移（BEPS）计划。2015 年 10 月发布的《BEPS 行动 1 报告》中指出，数字化会加剧 BEPS 问题，还会带来一系列税收挑战（OECD，2015，nr. 383）④。2017 年在 G20 财长倡议下加快了数字经济税收挑战的工作。OECD 发展至今为解决数字经济的税收问题制定了一系列税法文件，如《中期报告》（OECD，2018b，chapter 2）⑤、2019 年 1 月的《政策简报》（OECD，2019a，p.1）⑥、5 月的《工作计划》（OECD，2019b⑦；Daurer，

---

①② Department of the Treasury Internal Revenue Service. Tax Withholding and Estimated Tax [EB/OL]. [2022 – 3 – 14]. https：//www. irs. gov/pub/irs-pdf/p505. pdf.

③ 郭天序. 全球税制改革的趋势、影响及应对分析 [J]. 税务研究，2021 (12)：41 – 43.

④ Addressing the Tax Challenges of the Digital Economy, Action 1 – 2015 Final Report. OECD/G20 Base Erosion and Profit Shifting Project [EB/OL]. [2015 – 10 – 05]. https：//www. oecd. org/tax/beps/addressing – the – tax – challenges – of – the – digital – economy – action – 1 – 2015 – final – report – 9789264241046 – en. htm.

⑤ OECD Economic Policy Reforms Going for Growth 2018. G20 Finance Ministers & Central Bank Governors Meeting [EB/OL]. [2018 – 03 – 19]. https：//www. oecd. org/growth/TUR. pdf.

⑥ Addressing the tax challenges of the digitalisation of the economy. Taxand [EB/OL]. [2019 – 02 – 13]. https：//www. taxand. com/our – thinking/comments – on – the – public – consultation – document – addressing – the – tax – challenges – of – the – digitalisation – of – the – economy/.

⑦ Programme of Work to Develop a Consensus Solution to the Tax Challenges Arising from the Digitalisation of the Economy [EB/OL]. [2019 – 05 – 31]. https：//www. oecd. org/tax/beps/programme – of – work – to – develop – a – consensus – solution – to – the – tax – challenges – arising – from – the – digitalisation – of – the – economy. htm.

2019，p.555[1]）、10月"统一方法"的提案（OECD，2019c[2]；Mayr，2019c[3]）、11月全球反税基侵蚀提案（支柱二）（OECD，2019d）[4]、2020年1月的"双支柱"方案声明、10月达成支柱一蓝图报告&支柱二蓝图报告[5]、2021年12月的全球反税基侵蚀（GloBE）规则[6]。此外，2022年初，OECD将发布与GloBE规则范本有关的评论，解决GloBE规则与美国全球无形低课税所得（GILTI）税制共存的问题。截至目前，各国内部仍存在政策及技术等方面的问题，OECD为推进"双支柱"落地完善仍需不断努力。

作为各成员国达成基本共识的"双支柱"，支柱一旨在构建与数字经济商业模式相匹配的税收管辖权分配机制，由此可扩大市场所在地管辖区课税权，对企业利润课税权重新分配并达成共识；支柱二即全球反税基侵蚀（GloBE）提案，旨在解决遗留的BEPS问题，全球范围内经营收入不少于7.5亿欧元的企业，需要向纳税机关缴纳不少于15%的企业所得税。基于本章探讨问题，主要从以下几个角度进行解读。

第一，从纳税人认定的角度讲，在数字业务经营模式下业务直接面向消费者，那么利润创造渠道是通过线上实现的，而这种无形资产营销借助高科技手段可以隐藏纳税主体和应税所得，由此减少了纳税成本，保存了利益最大化。这一做法对纳税人而言具有非常大的吸引力，强化了纳税主体的避税动机，亟须一种简单高效的一致性规则来防范税收流失风险。

第二，从征税范围的角度讲，主要为面向消费者的、规模较大的高度数字化业务。只要跨国企业通过向消费者提供包含"面向消费者元素"的产品或数字服务来获得收入，就应当被征税。将征税范围聚焦于全球范围内高度数字化企业提供的数字服务或面向消费者的产品而产生的收入上，目的是将征税权下沉到消费

---

[1] Daurer, V. (2019). Der Unified Approach der OECD [The OECD Unified Approach], sterreichische Steuerzeitung, 20, pp. 554–558.

[2] Pinto Nogueira, Joo Félix, Andrade B, Pistone P, et al. The OECD Public Consultation Document "Secretariat Proposal for a 'unified Approach' under Pillar One": An Assessment [J]. Social Science Electronic Publishing, 2020, 14: 20.

[3] Mayr, G. (2019c). OECD–Proposal: New Allocation of Taxing Rights, Recht der Wirtschaft, 11, p.731.

[4] Pinto Nogueira, João Félix and Pistone, Pasquale and Andrade, Betty and Turina, Alessandro. The OECD Public Consultation Document "Global Anti–Base Erosion (GloBE) Proposal–Pillar Two": An Assessment [EB/OL]. [2020–08–19]. https://ssrn.com/abstract=3644238.

[5] Statement on a Two–Pillar Solution to Address the Tax Challenges Arising from the Digitalisation of the Economy [EB/OL]. [2021–10–08]. https://www.oecd.org/tax/beps/statement–on–a–two–pillar–solution–to–address–the–tax–challenges–arising–from–the–digitalisation–of–the–economy–october–2021.htm.

[6] OECD (2021), Tax Challenges Arising from the Digitalisation of the Economy–Global Anti–Base Erosion Model Rules (Pillar Two): Inclusive Framework on BEPS [EB/OL]. [2021–12–14]. https://www.oecd.org/tax/beps/tax–challenges–arising–from–the–digitalisation–of–the–economy–global–anti–base–erosion–model–rules–pillar–two.htm.

国，不论商业活动是否构成物理存在。

第三，从征税对象的角度讲，主要针对数字业务的新增利润。OECD最关注的是数字经济发展背景下的可持续发展机制。OECD采取了核定行业利润率的办法，由于以独立交易规则为基础的转让定价规则仍然适用于常规交易，所以并未修改或放弃原有规则，只在原有基础上进行补充，并在此基础上考虑设定收入门槛作为补充。OECD的收入门槛在设定时有两种考虑，这两种考虑都指向同一基础，即经济活动创造利润的实质。其一，根据市场规模确定销售额门槛，并将此作为利润来源国经济活动的主要判断标准；其二，销售额门槛在设定时考虑了诸如在线广告这种同时针对利润来源国的付费用户和该国之外的不付费用户的特定活动，目的是兼顾数字业务模式和传统业务模式，进而确保不同业务模式之间的"中性"，以及尽可能捕捉到所有在利润来源国存在经济活动的远程业务形式。

第四，从利润分配的角度看，如果按照传统利润分配做法，并不适合新时代下的数字业务。为此需要重新协调无物理与有物理关系，减少扭曲效应的发生，统一协调数字业务与传统业务的关系，创造新利益分配方式。如以某一地区的数字业务为例，可以将其分为三类利润金额，按照相关协调机制分配利润，如表5-4所示。

表5-4　　　　　　　　2021年OECD三层利益分配

参考财务报表确定总利润		
非常规类	常规类	
金额A	金额B	金额C
基于数字业务创收，并增加了利润	基于传统基线业务创收盈利	基于传统非基线业务创收盈利
没有物理存在	有物理存在	协调了有物理存在及无物理存在
自动化数字服务（Automated Digital Services，ADS）和面向消费者的企业（Consumer-Facing Businesses，CFB）	在市场管辖区内发生的市场营销以及分销活动等基本活动	企业在市场管辖区国从事不属于基本活动范围的活动
公式基解决方案	适用独立交易规则	

资料来源：作者依据上述文件汇总而得。

5.2.2.3　欧盟

21世纪数字化所作的贡献超过了其他任何领域。然而，国际税法未能跟上技术的快速发展，传统商业模式和数字商业模式之间税收不平等，以及税收收入减少都使紧迫感加剧。据统计数据显示，在欧盟极端保守主义中，传统的国际商业模式负担沉重,平均有效税率为23.2%,而国际数字业务模型的平均税率仅为10.1%(B2C models)和8.9%(B2B models)(European Commission,2017①;PwC,2017,et seq.②)。在应对数字经济带来的税收挑战上,与OECD同样积极的还有欧盟,即使在各成员国无法达成一致的情况下,欧盟依然在快速向前推进数字服务税的征收。

(1)欧盟数字服务税持续推进。欧盟通过数字服务税机制为企业提供了一系列数字服务,如在线广告、数字中介等,由此产生了较多收入。数字服务纳税人需要满足规定条件:其一,财政年度内全球收入总额最低不得少于7.5亿欧元;其二,财政年度内欧盟应税收入不得少于5000万欧元。凡是满足上述两个条件的企业,均需要缴纳数字服务税,按照3%的比例征收。数字服务税的纳税地点为应税服务相关用户在相应纳税期内所有成员国。

(2)制定详细税收协调政策。欧盟设计了税收政策以协调成员国之间税收关系,其中增值税政策所起到的作用很大。欧盟委员会秉承公平公正原则对各个成员国征收税收,还多次修正影响贸易活动的政策条款,不同区域均设计了富有本地特色的增值税管理办法。根据相关统计显示,欧盟2022年初颁布了20多条指令,对成员国间通过增值税政策进行约束协调。在欧盟组织内部,成员国的人力、资本等要素均可自由流动,且不会受到任何阻碍影响。同时还强调了欧盟各国协调间接税收,并统一各国法令,将增值税征税税率固定在5%~15%③。

(3)设立区域协调发展专门基金。欧盟创新性地提出了发展基金,实现了精细化管理,促进了各成员国均衡发展。这一发展基金主要分为团结基金、结构基金等,其中结构基金总额占欧盟财政总额的1/3,并通过欧盟组织统一管理。这些发展基金来源是成员国根据国民总值收入高低,按照相关比例缴纳所得。其中有1/4的结构基金是用来缩减成员国经济差距的,剩余的基金主要用于基础建设、商业服务、生产投资等。团结基金主要是服务于交通、环境等公共服务产品,同时还会为一些经济欠发达国家、地区提供资金支持④。

5.2.2.4 日本

从20世纪中叶开始,日本就非常关注地区均衡发展,运用国家税收工具帮

---

① Katrin N M, Papageorgiou I F. The European Union Digital Single Market—Challenges and Impact for the EU Neighbourhood States [J]. Baltic Journal of European Studies, 2018, 8: 7 - 23.

② Neville Howlett, Tom Dane, Gwendolin Chau, Sopheaktra Meas. Paying Rax 2017 [EB/OL]. [2017 - 12 - 27]. https://www.pwc.com/payingtaxes.

③④ Annual Report on Taxation 2022 - With crises still looming, Europe should prepare for future of tax. Directorate - General for Taxation and Customs Union [EB/OL]. [2022 - 06 - 28]. https://taxation - customs.ec.europa.eu/news/annual - report - taxation - 2022 - crises - still - looming - europe - should - prepare - future - tax - 2022 - 06 - 28_en.

助一些经济落后的地区,从而保障了太平洋沿岸与东北、西南及日本海沿岸地区的均衡发展。

(1) 落后地区采取特殊税收政策。日本政府制定了《新全国综合开发计划》,对经济较差的地区提供税收待遇,对于那些迁移企业进行减税、免税等。同时开发计划中还提及落后地区要给予税收优惠,并激励更多高新技术企业、高新技术项目更好地执行。结合地产结构目标设计了税收优惠。如日本筑波高科技密集地区设计了优惠政策,促进了地方经济的发展①。

(2) 多种政策共同发力。针对日本城市聚集,城市压力大,地区之间经济发展失衡的问题,日本政府作出了诸多调整与改革。对于财政薄弱的地区会给予一定的资金扶持,还成立了日本政府主导的金融机构,放宽贷款审批限制,优化了财政融资,积极引导产业结构。日本政府综合利用手段引导企业向经济发展较弱地区进行迁移。运用转移支付的方式,通过日本政府协调均衡了经济发达地区、经济欠发达地区的发展。设计了多重税收措施,如特殊贷款、专项贷款、导向贷款等。日本宏观调整均衡了区域发展,完善了企业管理、配套的基础设施,推动了地区共同发展②。

5.2.2.5 启示

(1) 建立健全税收协调机制。调研发现京津冀三地税收与税源背离问题严重。为解决这些根本矛盾,中央政府提出京津冀协同发展战略,自2014年发展至今9年时间里建设了税收合作机制,实施以来取得显著效果,但也存在机制本身的局限性。如京津冀三地是协同度低状态,生态治理的财政转移支付、产业转移等规制都是各自处理的,并未协商处理。再如北京市在三地之间政治强势突出,与河北协商中明显河北不占优势。对此可参考美国做法,设立跨省税收委员会、制定省际税收协定等,形成协商机制;还可学习欧盟做法,成立地区发展委员会,对涉税事宜共享信息。为此建议京津冀统一税收管理,构建协定机制,合理配置税收,统一征管标准,从而解决京津冀税收与税源背离的问题。

(2) 不同地区制定不同税收政策。对于京津冀三地而言,其经济发展水平有很大差异,导致税收现状也有差别。可以通过设计个性化的税收政策,均衡京津冀三地的税收关系。从宏观角度看,河北经济发展水平低于其他两个城市,对其税收可以稍做优惠倾斜,减少河北的税收负担;北京正处于迁移产业的关键时期,可以调整税收政策为其提供缓冲,为顺利过渡产业转移奠定基础。

---

①② National Tax Agency Report 2022. Tax Agency [EB/OL]. [2022-06-12]. https://www.nta.go.Jp/english/Report-pdf/2022e.pdf.

(3) 填补区域税收协调发展法律空白。学习借鉴美日及欧盟国家的法律机制，形成法制思维，为京津冀设计一套富有特色的税收标准、税收体系等，权衡监管机构的权责，统一增值税管理。日本提出了税收优惠政策，对此京津冀也可学习，结合地区实际情况协调建设税收法制体系，从制度、政策以及管理等多个方面入手，均衡三地政府的权力义务，并通过法律形式确定下来。

(4) 采取多种政策组合发力。我国实施分税制时间不久，该制度也在完善之中。对于各级政府而言，当前最棘手的问题是如何均衡经济增长与财力配置的关系，如果仅仅关注经济增长目标，很容易导致京津冀地区财政配置失衡，甚至还会产生一些负面影响。为此需要政府制定合理的税收政策，协调不平衡问题，稳定经济发展，减少京津冀三地区之间的差异。因此科学制定税收政策是非常有必要的，可以尝试运用金融财政控制手段，以这只看得见的"手"调整看不见的京津冀的"手"。学习日本做法，成立专门金融监管机构，发展专项基金，创新横向转移支付，适当倾斜河北地区，从而均衡京津冀的发展。

5.2.3 国内税收政策借鉴

5.2.3.1 长三角

(1) 构建税收协调体制机制。2010年，国家发展改革委颁布了《长江三角洲地区区域规划》，意味着长三角区域发展升级并提升为一体化国家战略目标。在该区的税收演化为合作模式，通过高层领导座谈会的开展，明确此次主要任务内容，同时由联络组与专题组分别负责协调与实行工作，但在后期有所改变，需要有效结合统分与三级运作区域合作机制。2020年，根据国家税务总局指示增加了在长三角区域内，支持一体化发展的10项税收征管服务措施。其中包括去除繁琐的办税程序，实施一网通办涉税业务，建立社会共享税收大数据等。随着各种举措的完善与落实，长三角税收快速发展并促进了该区域一体化模式的形成[①]。

(2) 实行多元化税收政策，为区域协调发展提供驱动力。在长三角区域内，根据税收优惠政策内容，实行多种税收措施，如增值税、企业所得税等。2016年6月，为了促进税收产业结构合理化，设立了长江三角洲城市群一体化发展投资基金，促进了税收利益共享机制建立，完善征管协调管理机制，同时统一区域的税收与税源环节。根据《长江三角洲城市群发展规划》提出在长三角地区中，需要不断优化与细化税收利益分配制度，并针对长三角各区域的洼地效应，制定

---
① 王观. 长三角税收一体化按下"快进键"[N]. 人民日报, 2020-09-15 (7).

切实可行相应的税收优惠政策,加强对其的管理。该投资基金明确规定了其规模,通过分期、直接投资的方式,或者结合股东子基金中的资金投放模式,将投资基金管理演化为社会化形式,引入社会各界资本投资。充分发挥投资基金用于跨区域的众多领域建设,如促进生态环境可持续发展,完善公共服务基础设施,优化区域信息系统机制,加强产业转移园区合作等。2021年,我国就示范区所得税政策提出了改革建议,对长三角一体化发展作出了新的指示,并制定了专项文件对外公布,指出重点企业可以享受所得税减征政策。实行减征个人所得税的企业,是涉及人才不足与专业化人才的创业创新者,势必会促进众多现代化技术领域项目的发展,如人工智能、集成电路等。同时在新能源、信息技术、智能制造等领域,引入专业人才培养与就职,切实推进现代化产业发展,优化基础产业结构升级,不断创新示范区建设,促进高效产业转型新趋势,借助区域生态环境实现社会经济的快速发展,打造长三角地区的有效核心竞争力,甚至在中国与国际范围内,成为典型的社会经济发展标杆[①]。

5.2.3.2 珠三角

(1) 协调税收体系建设。2004年2月,在珠三角地区正式实施了税收合作机制,这源于《泛珠三角区域地方税务合作协议》的颁布。2009年,国务院就地区改革发展纲要作出了新的指示,需要重点发展珠江三角洲一体化战略,这也标志着该区域经济战略提升为国家高度。在构建科学的合作机制中,有效构建了区域税收体制,从某种意义来讲,有利于其他地区借鉴经验顺利开展税收环节。另外,在区域税务部门中,完善跨地区税收工作交流机制,制定协调的政策标准用于临近地区税收政策,赋予权威机构统一协调的权利,并逐一加以解读与协商,这样做的目的是体现公平公正的税收政策,使纳税人真正享受政策带来的优惠。在珠三角地区的企业中,将税收政策联结机制落实到跨省迁移企业中,保障税收政策持续性[②]。2019年,国家发展改革委扩大了该地区创业补贴扶持范畴,融入港澳创业者群体,这是根据广东省人民政府颁布的《关于加强港澳青年创新创业基地建设的实施方案》内容规定的。除此以外还针对粤港澳大湾区内,签订了个人所得税优惠政策,工作细则的制定由广东省负责,界定了珠三角地区享受税收政策群体范围,即处于9市工作的港澳高端型与紧缺型人才队伍[③]。

(2) 注重区域税收征管协调能力。在珠三角地区范围内,需要在税收征管中

---

① 中共中央 国务院印发《长江三角洲区域一体化发展规划纲要》[EB/OL]. (2019-12-01) [2021-01-10]. http://www.gov.cn/zhengce/2019-12/01/content_5457442.htm.
② 郭驰. 关于泛珠三角区域税务合作的思考[J]. 涉外税务, 2005 (07): 18-22.
③ 广东省印发《关于加强港澳青年创新创业基地建设实施方案》[EB/OL]. (2019-06-04) [2021-01-10]. http://www.clas.ac.cn/xwzx2016/ttxw2016/201906/t20190604_5317865.html.

加强风险定期通报机制管理,将部门与地区联合,同时也体现在风险防治控制层面,制定行之有效的税务管理协作机制用于跨区域生产经营企业,为了丰富经营管理经验可以采用定期召开协调会的方式。在跨省区的涉税案件中,通过部门之间合作机制的建立,实行透明、公正的稽查制度,将协查机制与稽查情况公之于众。在不同地区交流税收合作经验,实现跨区域、跨行业与跨企业交流机制,上级主管部门及时听取整合意见与建议,有利于建立健全地方税的改革制度。通过现代化大数据技术与科技创新,采用计量分析等方式,加强区域税收合作效应,在珠三角区域内建立对称涉税信息,并积极构建该地区信息共享平台载体,将跨区域信息打造为互通有无的新局面。2019年中共中央、国务院印发《粤港澳大湾区发展规划纲要》,跨区域协同创新是深化粤港澳大湾区合作的重要举措。大湾区跨区域协同创新的核心为科技创新走廊,这条走廊包含了港、澳、深、广四个地区。通过税收协调解决大湾区战略性新兴产业协同创新发展中的利益失衡问题,促进科创要素和资源(包括人才、资金、信息、技术)的跨区域高效便捷流动,是实现湾区战略性新兴产业协同创新的前提。突破税收障碍,通过补贴免征个人所得税促进跨区域协同创新的人才集聚并构建多元化的税收激励政策[①]。

5.2.3.3 启示

(1)完善税收协调体制。有三个经济圈的战略发展方向相似,一是长江三角洲、二是珠江三角洲、三是京津冀地区。这三个经济圈的战略发展方向均是协调经济发展,但前两个经济圈发展战略的启动时间比较早,重点关注税收政策对于区域经济发展的影响,并建立起了一套完整的税收协调体制。即便三者在人文、环境、政治等方面存在差异,但都将税收协调体制作为区域经济发展的重点。首都经济圈应进一步完善税收协调机制,借鉴学习长三角和珠三角地区的优点,如三级政府协同办公、实行税收合作体制等,要从宏观角度来考虑税收合作问题。

(2)组合税收政策加快区域协调发展速度。我国实行的税收政策涉及以下三个方面:首先是税收分享,其次是税收优惠,最后是征收管理和征收服务。推行组合税收政策,能够提高区域内企业的自主创新能力,简化产业转移流程,加快经济的发展速度。京津冀应当借鉴学习长三角和珠三角地区的惠民政策,在遵守相关法律的前提下分享税源,并积极处理税收和税源相悖的问题,建立起与各个部门之间的合作关系,大幅度提高本地区的税收水平以及服务态度。

---

① 粤港澳大湾区发展规划纲要 [EB/OL]. (2019 - 05 - 23) [2021 - 01 - 10]. http://www.shunde.gov.cn/data/2019/05/23/1558575813.pdf.

5.3 当前税收政策存在的问题及原因分析

在顺应时代和经济的发展需求之后,京津冀协同发展战略应运而生,不过因为未健全税收政策限制了该战略的发展。主要原因有以下两点:首先,京津冀地区的政府相对独立,优先注重本地区的发展,从中可以看出三地政府大局观念较为淡薄;其次,平衡事权和财权存在难度。在京津冀三地中各项收入之间的差距十分显著,特别是以下三种收入,一是财政收入、二是人均可支配收入、三是人均税收收入,而河北省又承担着巨大的财政支出压力。正是以上原因导致京津冀地区展开协同发展存在阻碍。至此,京津冀三地政府推出激励企业科技创新的税收政策,对我国的科技进步起了一定的推动作用。但从政策梳理来看,推进科技创新的税收政策还有一定的缺陷,发挥的作用有限。

5.3.1 缺乏合理的顶层设计

5.3.1.1 税收政策缺乏系统性

当前激励企业科技创新的税收政策多以函件、通知、办法、决定、补充说明的形式呈现,缺少标准的法律法规。如本章梳理所得的32项激励企业科技创新的企业所得税政策中,有30项是以通知的形式下发。各项税收政策分散于各类文件和税收法规中,这种形式的好处在于税收政策灵活但系统性欠佳,会使得政策目标不明晰,指导性较差;政策之间缺少有效联结,降低了其稳固性;且未形成体系化的税收政策,看似给予企业充足的扶持,但现实中发挥的激励作用有限,一些企业的实际难题依旧未得到处理,反而对其正常发展带来了负面作用。

5.3.1.2 未建立起税收优惠的预算体系

在税收优惠政策中涵盖了税式支出制度,该制度中包含以下三项内容:首先是绩效评估,其次是支出分析,最后是预算管理。对比财政预算支出和税收支出可以发现,税收支出的时效性较高,在预算编制的过程中可以降低时滞效应的发生概率。全面落实税收支出管控,优化税收工作重点以及财税观念。在"十三五"期间,我国为鼓励科技创新税收减免金额年均增长28.5%,五年累计减税2.54万亿元。2021年,国家税务总局打出了一套税费优惠政策"组合拳",将减税降费和缓税缓费政策结合起来,在提高企业发展动力的同时使经济保持稳定的增长速度。主要内容包括：第一，我国在2021年实行了针对小微企业的税收优惠政策，该政策实施后新增减税降费的金额达到了2951亿元。造成这一现象的主要原因在于改革了小规模纳税人的纳税政策，即提高了纳税人的增值税起征点，将小规模纳税人的月销售额从10万元提升到15万元。该政策实施后，有405万户的小规模纳税人享受到了该政策带来的优惠，新增减税降费667亿元人民币；该政策还下调了纳税人的增值税征税率，由原来的3%下调至1%，有895万户的小规模纳税人享受到了该政策带来的优惠，新增减税降费1853亿元人民币；该政策加大了对于以下两类纳税人所得税的优惠，一是大小型微利企业，二是个人工商户，有1060万户的纳税人享受到了该政策带来的优惠，新增减税降费431亿元人民币。从税收数据中可以看出，我国的小微企业在2021年每一百元的收入需缴纳的税款相比2020年下降了12.4%左右。第二，企业可以超前享有研发费用加计扣除政策，该政策实施后共减免了3333亿元的税额，提高了企业现金的流动性以及创新能力的同时，降低了研发成本的投入。从税收数据中可以看出，我国主要的税源制造业在2021年投入的研发成本相较于2020年提高了22.6%，加强了企业的创新力度[①]。但科技创新税收政策预计的减税目标，各类税式支出的详细情况、绩效评估统计数据匮乏。由于我国缺乏健全的税式支出制度，支持企业科技创新的税收政策在实践中发挥的作用无法准确衡量。

5.3.1.3 税法体系不够健全

根据国内外经验分析发现，京津冀地区现行的涉及高新技术产业的优惠政策的发布形式为行政法规的形式，如通知、决定等，不具有最高法律效力。因为未建立起通用的法律规定，京津冀三地政府在加快高新技术产业发展速度、增强其竞争力时，纷纷采取先征后退、专项返回等地方"特色"手段，导致各地税收优惠口径不一，甚至引发恶性竞争。这种法规的随意性可能使高新技术企业的税收遵从成本增加，阻碍税收优惠政策发挥应有的作用。此外，高新技术税收政策相互之间衔接性较差、缺乏连续性。

5.3.2 税收政策存在局限性

5.3.2.1 直接税优惠多，间接税优惠少

本章梳理所得的直接税优惠政策共75项，占全部税收政策工具的比重超过

---

① 王观. 减税降费促发展 缓税缓费强信心［N］. 人民日报，2022-01-27（4）.

70%。直接税优惠侧重于对企业最终利润的减免,间接税优惠侧重于对纳税所得额的影响,如费用加计扣除、收入免税。这两种方式的促进作用存在差异,间接税优惠强调对企业利益的调整,对企业研发方案的选择和实施具有较大的影响,勉励企业开展研发活动。根据生命周期理论,市场主体在起步时,自身产品的特色、定位变换较多,在这个阶段实现突破需对研发活动加大投资,提高产品性能,此阶段间接税优惠对企业的激励作用更强,但当前间接税优政策力度不强。反观直接税收优惠以低税率、减免税额的方式为主,对获微利、亏损的企业作用较小,对研发失利、资金枯竭的企业存在政策缺位的情况。此外,直接税优惠的受益对象不是研发环节或研发项目,而是对企业最终的收益进行优惠,有失公平。如被认定为高新技术企业后,非技术性所得也能以低税率交税,而非高新技术企业的技术性所得却不能以低税率交税。

5.3.2.2 税收优惠政策侧重点存在偏差

总结国内外经验可以看出,外国政府非常重视科技开发过程的税收优惠。在鼓励企业研发时较多运用加速折旧、所得税中的税前扣除项目进行设计,避免"秋后算账"式的优惠举措,引导企业自主选择、增加企业研发投入的积极性。相比较而言,京津冀三地对事关技术创新研发活动的税收激励存在一些问题。首先,长期以来,高新技术税收优惠重点针对科研单位与科研成果,因此那些已经获得技术创新收益的单位和企业便可以享有税收优惠。根据高新技术产业技术创新的特点,正在进行中的研发活动是风险最大、最需要支持的,特别需要税收优惠政策降低其成本与风险。而我国现行的税收优惠政策对研发活动的激励明显不足,仅对新增的研发费用实行加计扣除制度。其次,虽然相关文件及法律规定中明确规定研发活动中产生的费用可以实行加计扣除制度,如现场试验费、产品设计费、无形资产摊销费等,但也仅局限于重点支持的高新技术领域中特定的研发项目活动,优惠范围太窄。税收优惠政策重点取向的偏差不利于鼓励那些正在积极进行研发活动、技术改造的企业,对产业升级、结构调整会产生负面作用。

5.3.2.3 税收优惠方式单一,范围狭窄

京津冀三地高新技术产业税收优惠方式较多局限于低税率优惠和税额定期减免等直接方式,这种直接的优惠方式侧重于事后利益的让渡,从长期看,这种降低税率和对企业经营成果的减免税容易导致政府财政收入的减少。而多数地区采用的投资减免、加速折旧、损失准备等间接优惠方式更有利于引导企业投资及经营行为。此外,京津冀对高新技术企业的认定标准非常严格,一些刚成立的科技

型中小企业科技人员比例小、研发费用总额的比例可能达不到要求，因而无法给予税收政策优惠，但这些中小企业恰恰需要政府的扶持。除此之外，软件和集成电路行业是优惠政策的适用对象，产业性税收优惠范围太狭窄，缺少其他高新技术领域如电子、生物、能源等方面的特殊产业政策。

5.3.2.4 难以平衡税收优惠政策与地区的协同发展战略

滞后性会一直存在于税收优惠政策的制定环节和实行环节中，而部分政策的审批流程比较复杂，导致政策的落实速度较慢，企业也无法及时地享受到税收优惠政策。除此之外，在实行优惠政策的时候还会出现时滞效应，政策的落实需要经过多个环节，花费几个月或几年的时间，整个流程为中央—地方政府—纳税人。不过在落实优惠政策的过程中也会出现滞后性，而时间跨度是进行产业转移的前提条件。因此税收优惠政策中的滞后性会限制京津冀区域内企业的发展，也会影响各大企业董事会战略决策的制定，进而影响整个区域的协调发展和产业转移。

（1）在实施税收优惠政策之后，京津冀各地方的财政压力骤增。直接税收优惠政策是京津冀实行的优惠政策。该政策可以在短时间内为京津冀地区的企业招商引资，但无法长期维持，部分纳税人在发展优惠政策存在纰漏时，就会出现偷税漏税的违法行为，这也增加了当地政府承担的财政压力。在京津冀地区中，河北省处于一个极端位置，即人均财力最低，人均预算支出最高，这也导致河北省政府在财政支出方面无法达到最优水平，即边际收益等于边际成本。河北省的项目大多具有投资跨度大、正外部性较高的特点，而其现阶段实行的税收优惠政策既不利于项目的建设，又无法营造出一个优质的营商环境，甚至影响了河北省的发展。但与直接税收优惠政策不同的是，间接税收包含了两种税收方式，一是分期纳税，二是延期纳税，这样就可以为市场打造一个公平公正的纳税环境。此外，河北省政府可以在可控范围内，提高间接税收的优惠力度。

（2）加大政策扶持力度。从京津冀地区的功能定位中能够看出，这三个地区间产业优势有较大的差异，但是实行的税收政策却不符合当地的功能定位，只停留在制定税收政策的层面上。若从产业转移的角度出发，虽然其拥有了一定数量的税收优惠政策，但是却缺少与环境保护、节能减排、新兴科技等行业有关的税收优惠政策。在区域的创新发展中，河北省与天津市都存在缺点。如优惠政策并未普及到迁入园区中，缺少优惠条件，优惠力度也不足，因此不利于京津冀三地进行产业转移。在研发税费扣除方面，中小型的创新企业也存在缺陷，如无法在计税时及时扣除涉及相关人员的直接费用，尤其是培训费和劳务费，且扣税的要求较高，无法发挥出优惠政策的作用，也限制了创新型企业的创新和开发能力。

由于京津冀三地的功能定位略有不足,因此政府便没有重视第一原始产业和第二原始产业的发展,河北省难以发挥出优惠政策的作用,如加快本地区的经济发展速度,缩小地区之间的差距。综上所述,目前所实施的优惠政策依旧无法协调京津冀地区的关系。

5.3.2.5 现阶段实行的税收分配体制并不适用于该地区的发展

当前社会的主要任务之一是京津冀协同发展,但是并未建立起与之匹配的税收政策。在税收利益分享中,河北省的政策性文件集中在秦皇岛分园上,实行的利益分配模式为"442"。但该分配模式也存在缺陷:首先,分享范围并不广泛。部分企业虽响应了政府的号召,进行了产业转移,但大部分企业只是在迁入地成立了子公司,并没有整体搬迁,在分享范围中却未包含部分搬迁这类情况。其次,并未在产业结构特征的基础上设定分享期限。在这几年中,部分位于京津冀地区的企业都进行了产业转移,转移的行业涉及生物医药、新材料等,而每个行业对于公共基础设施的消耗量和利用情况都不一样,但是却实行同一个税收政策,也就意味着无法打造一个公平透明的税收氛围。再其次,没有明确实施细则。各地政府虽然制定了相关的税收分享方案,却未完善实施细则,如未及时认定"迁出地政府主导"这一概念,因此在实际的实行过程中也会遇到许多问题。最后,单一的金额规定。由于经济结构一直在变动,每个企业的实际情况和纳税金额也不一样,因此固定的纳税金额无法促使企业进行产业转移。

5.3.3 税收征收管理政策有待优化

5.3.3.1 未统一税收征收管理标准

若从立法的视角来看,国内虽然统一了税收政策,但也会受到某些因素的影响,如行政体制、分税制等,无法统一京津冀地区中涉及税收征收方面的事项,如纳税地区、事项经营地等,增加了纳税人的种类,也加大了税务机关的管理难度。由于我国的税收法律制度中包含了自由裁量权,因此京津冀地区的税务机关采用的执法模式也不同,限制了部分跨区管理企业的发展,导致企业出现亏损。而各个地区的征管指标考核也存在差异,河北省较为重视税收这一指标,甚至出现了"一刀切"的情况,这也就加大了税务机关的执法风险。在这几年中,互联网经济正式进入了蓬勃发展时期,全国各地都出现了新业态,产业布局也开始向各地扩散。可将全国各地的经济组织划分为以下四大类:首先是互联网经济,其次是总部经济,再其次是连锁经济,最后是异地出资设厂。纳税人需要遵守税法，及时向所属地的税务机关报备，接受当地税务机关的管理。在应税项目上，各个地区的纳税人都有专属的注册流程和管理方案，但是其与商业运作之间的关系较为密切，也提高了税务机关的工作难度和税收风险，特别是在税务审计以及纳税评估方面。税务机关也未建立起完整的协调和沟通机制，导致其办案质量较差、调查速度较慢。

5.3.3.2 税收征管协同度较低

（1）涉税信息不对称。"信息孤岛"这一不良现象依旧存在于这三地的税务机关中，各个行政区域也未建立完整的信息共享平台，没有统一业务协作模式。在跨地税务机关方面，京津冀地区并未构建起信息共享交换平台，部分地方政府或者是税务机关有时会为了获取更高的利益，借由其行政权力干扰税务部门的正常工作，叠加京津冀地区涉税信息的不对称，致使相关部门的信息共享程度不高。在调查其他有关区域的税务管理案件时，只能依靠协查函。若国家税务总局重视这一案件，就可以使用其他方式来调查案件。

（2）未健全法律保障制度。位于京津冀的企业经常会出现跨区域税收的情况。京津冀地区的协同发展战略正在稳步推进，联合查办部分税收征管案件，不过由于未建立起完整的税务管理合作体制，如协调机构、管理制度等，致使税收征管缺少法律约束力。在管理各个地区的税务征收案件的时候，只看重自身利益或者只重视对自己有利的案件，不及时处理存在执法风险或者是与自身利益没有联系的案件。现阶段，我国实行的有关跨区域税务工作的法律条款中，并未对该类工作进行规定，如税收协调、调解税务纠纷等，因此该地区进行跨区域合作缺少法律的约束。

5.3.3.3 纳税服务水平参差不齐

同城通办事应尽量避免出现在京津冀三地的税务机关中，由于各个地区经济水平的差异，导致各项服务功能存在缺陷，如免填单服务质量、自助办税功能等，因此各地区之间的纳税服务水平也存在差异。现阶段，国家税务总局也开始重视京津冀地区的税收程序，当地的税务机关也简化了税收流程，在税务登记方面，也将国家税收和地方税收结合在一起。不过因为京津冀地区未建立起完整的税务服务体系，无法保证横向部门能够顺利地完成工作。京津冀地区的税收服务工作急需完善：第一，各个部门的联合注册速度较慢，国家税务总局也做出了相应的指示，各区域的税务机关需与相关部门建立起有效的沟通渠道，如工商部门、质检部门等，这样就可以及时获取相关企业的信息，如机构代码、工商登记等。第二，扩展多证联办机制，不过因为没有技术支持，也无法保证信息共享平

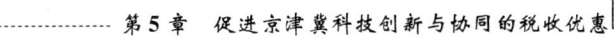

台能否顺利建立，多证联办机制的流程设定速度也较慢，此外，还需简化税收征管流程。当前还未建立起有关税收征管管理信息的共享平台，因此纳税人在进行产业转移的时候，还需要前往相关税务机关取消税务登记并清算纳税金额，因此纳税人需要花费较长的时间才能完成纳税结算。

第 6 章

京津冀科技园区创新能力与协同效应

6.1 京津冀科技园区创新能力与协同发展现状

6.1.1 京津冀科技园区创新能力发展现状

国家创新系统理论认为，国家创新系统由区域创新系统构成，这一构成关系不仅包括区域间的相互联系，还包括区域内部各创新主体间的相互联系。对于区域创新系统而言，其创新要素的组织和协调是由政府主导区域创新系统内的企业、大学、科研机构等创新主体间协同互动，推动创新主体和区域间边界"融合"，即为创新主体间的协同作用，区域创新系统整合和协调各类创新资源的目的在于促进产业集群的形成。产业集群在创新系统发展过程中发挥着越来越重要的作用，从创新链视角而言，区域创新包含从基础创新到技术产业化的整个过程，该过程实质为协同各类主体优化配置资源的过程。创新系统对产业集群的影响体现于横向产品开发的多主体整合与纵向产业链拓展的资源需求把控上。具体而言，产业集群体现在区域发展中则以科技园区为主，对于区域经济的发展，政府需通过一系列政策引导产业资源的合理配置，实现其在科技园区内的有效集聚，促进科技园区实现创新链条式发展，以协同创新方式形成稳定的发展网络，实现科技园区的信息与资源共享。

京津冀科技园区作为一个区域创新系统，其发展具备政策驱动论增长极的典型特征。政府在促进区域创新发展中以实现创新资源要素的充分调配和高效流动为目的，通过制定京津冀科技园区协同创新政策，针对性地给予政策倾斜，调整科技园区的发展状态以实现在政策引导驱动下培育区域性科技园区政策驱动增长极。从京津冀科技园区发展实际来看，决定园区协同发展的五大动力因素主要有：企业的战略、结构和竞争，需求条件，科技平台资源，机会和政府。第一，科技园区内的企业发展战略、发展结构与竞争策略等共同推动了中关村科技园向津冀两地的科技产业转移；第二，智慧城市、环境治理等市场需求对科技产业发展具有吸引力，形成了市场需求吸引机制；第三，随着科技产业的转移，科技平台资源也随之向津冀两地进行孵化转化；第四，京津冀协同发展作为国家战略，国家对此投入大量资源，对京津冀三地企业而言，国家的高度重视是其发展的重要机会，谋求合作成为一种共识；第五，三地政府通过政策推动、搭建交流服务平台等措施对市场合作起到先导力量，营造出有利于创新合作的市场和制度环境，促进科技孵化产业机制的生成，推动三地科技园区发展。因涉及跨地域影响，京津冀三地不仅存在税收政策差异，高新技术企业的发展战略、发展结构与竞争策略也有明显差异，需求条件也因各自地区的市场差异表现出显著不同，津冀两地市场需求弱化，对中关村等北京科技园区内企业缺乏吸引力，北京科技园区的科技平台资源流动有效动力不足，导致科技园区协同创新具有不稳定性，亟须政府政策宏观协调，以政府协同治理主导跨区域科技园区协同创新。

  国内学者对此普遍认可，认为政府协同治理是促进科技园区协同创新的外部驱动机制，但政府协同治理对科技园区协同创新的影响并非一蹴而就。从现实情况来看，京津冀科技园区协同创新中，政府协同治理虽起到主导作用，但三地政府利益分配机制、主体责任分配等尚不明确，且存在三地资源禀赋差异、跨区域税收分成等问题，均制约着政府协同治理对科技园区协同创新的促进。政府协同治理过程中强调主体间相互依存，以共同的价值理念参与创新治理，京津冀科技园区治理属于三地政府协同治理，是多层次治理的体现。多层次治理涉及地方、地区、国家以及全球视角，"谁来治理"与"如何治理"是主要探讨的问题。多层次治理理论，强调在治理过程中主体间是非等级与多中心主体间相互依存，以实现共同创新治理。此后学者从三个维度对政府的治理问题进行回答：第一维度为战略目标，即厘清政府治理的战略定位、价值取向与治理目标，对政府协同治理具有导向作用；第二维度为协同治理主体，即明确不同协同治理主体间的关系，构建多主体共同参与的协同治理体系，回应了多层次治理的"谁来治理"问题；第三维度为行为策略，即政府协同治理过程中采取的政策任务、政策工具、协同治理方式等，回应了多层次治理的"如何治理"问题。因此，京津冀科技园区政府协同治理强调各主体平等参与，作为政府协同治理的第二个维度，回应了多层次治理"谁来治理"的问题。京津冀科技园区政府协同治理权利在政府层级之间协调共享、合作共治，促进京津冀科技园区形成多主体的结构化政府协同治理模式，以提升政府协同治理水平，促进科技园区协同创新。通常，政府协同治理的路径包括协同政策的出台和协同创新软环境的营造。在协同政策的出台上，政府协同政策是从中央政府的顶层设计到三地政府合作，从协同发展政策的出台到协同创新共同体的建设，再到产业转移和产业协同三个方面促进科技园区协同创新。在政府营造协同创新软环境上，三地政府统筹协调，通过推动三地政策、制度、文化协同、税收分成、搭建产业合作平台、干部挂职锻炼等合作，协同创新资源，加大创新经费投入、人员投入，助推高科技企业创新发展，营造有利于三地科技园区创新合作的市场和制度环境。综上，政府以协同政策的出台和协同创新软环境的营造作为两个基点，通过影响科技园区协同创新共同体的建设、产业转移和产业协同、创新合作市场以及创新合作制度环境等方面主导科技园区的协同创新。

科技园区创新不仅由政府主导，集聚园区内部创新力量也可促进政府的协同治理，三螺旋理论认为政府与科技创新主体大学、企业三者之间的交互作用是区域协同创新的重要前提，京津冀三地政府与科技园区中的大学与企业主体之间的交互作用共同促进了科技园区协同创新，主体"交迭"是科技园区这一创新系统的核心单元。为促进京津冀科技园区协同创新，三地政府必然要加强联系，由此推动三地政府协同治理的深度与广度。由此，国内学者的研究结论亦可证实科技园区协同创新是推动政府协同治理的内在机制，科技园区协同创新从合作主体与合作类型两个方面影响政府协同治理。一方面，地区间政府、企业、大学、科研机构等合作主体间的协同互动是提高政府协同治理效能、促进京津冀高质量发展的重要路径；另一方面，区际合作是科技园区主要合作类型，且主要体现在行政层面，非单纯市场行为。三地政府间合作推动市场向企业、大学、科研机构开放，促进产业梯度转移和协同、科技产业孵化机制的生成，有助于促进三地政府协同治理效能提升。

综上所述，本章基于政府协同治理与科技园区协同创新之间存在的关系，试图从协同政策、创新环境、合作主体与合作类型出发，将政府协同治理与科技园区协同创新纳入同一研究框架下，以此深入分析京津冀科技园区科技创新与协同治理效应。测度京津冀科技园区各子系统协同创新有序度及整体协同度之前，首先测评三地科技园区的创新能力，本书从创新资源投入能力、创新产出、科技孵化能力等方面分析。

据《国家高新区创新能力评价报告（2020）》数据显示，北京科技园区的创新能力加权增长率是10.1%，河北11.4%，而天津为-5.8%，可以看出，北京与河北科技园区创新能力提升较显著，天津科技园区创新能力出现负增长。将构成科技园区创新能力的一级指标分解，得到京津冀三地科技园区5个一级指标加权增长率，如表6-1所示。

表 6-1　　　　2019 年京津冀科技园区 5 个一级指标加权增长率　　　　单位：%

省（市）	创新资源集聚	创新创业环境	创新活动绩效	创新国际化	创新驱动发展
北京	-5.8	52.1	-1.8	12.2	-0.7
天津	5.4	-35.9	11.4	-35.4	3.4
河北	8.9	8.9	31.3	25.1	-11.8

资料来源：科技部火炬高技术产业开发中心，中国科学院科技战略咨询研究院. 国家高新区创新能力评价报告 2020 [M]. 北京：科学技术文献出版社，2020：5-10.

如表 6-1 所示，反映创新能力加权增长率指标中，创新创业环境、创新活动绩效和创新国际化指标极差较大，表明 2019 年京津冀三地在营造创新创业环境、提升创新活动绩效以及推动创新国际化等方面显著不同。在创新创业环境中，京津两地差距显著，北京实现 52.1% 的正增长，天津实现 35.9% 的负增长，二者相差 88 个百分点，表明北京作为全国科技创新中心及全球创新资源集聚的中心城市之一，科技人才高度集聚，营造了良好的创新创业软环境。相比而言，天津整体营商环境尚有待提升，间接导致创新国际化水平呈现低增长率；在创新活动绩效中，津冀两地分别实现 11.4%、31.3% 的正增长，表明两地依托产学研平台和雄安新区有效提升了创新活动绩效；在创新国际化中，京冀两地分别实现 12.2%、25.1% 的正增长，表明两地依托中关村和雄安新区有效提升了创新国际化。另外，在创新驱动发展中，只有天津呈现正增长，表明天津依托滨海新区上升国家战略后，加快产业结构调整和升级步伐，增强了自身创新驱动力。综合以上分析发现，三地需高度重视科技园区创新发展与建设，自顶层设计始，着手优化科技园区整体发展环境，强化科技园区创新发展基础。

6.1.1.1　创新资源投入能力

科技园区创新资源投入呈现多样化特征，其中，占比最大的是研发（R&D）经费投入。如表 6-2 所示，从研发经费投入数量看，京冀两地科技园区 R&D 经费投入总额逐年提高，2014 年北京中关村 R&D 经费投入为 497.17 亿元，2019 年达到了 1107.81 亿元，增长了 2 倍多；2014 年河北石家庄高新区 R&D 经费投入为 34.34 亿元，2019 年达到了 59.96 亿元，增长了近 1.8 倍。天津滨海 R&D 经费投入逐年降低，但整体降幅不大，由 2014 年的 114.76 亿元减少到 2019 年的 75.11 亿元，表明天津滨海创新资源投入力度有待加强。从科技园区 R&D 经费投入占全国 R&D 经费投入比重看，北京中关村 R&D 经费投入占比明显高于津冀两地，津冀两地在比重上相差不大。

表6-2　　　　　　　　京津冀部分科技园区 R&D 投入情况

分类	地区	2014年	2015年	2016年	2017年	2018年	2019年
R&D 经费投入（亿元）	北京中关村	497.17	595.61	574.56	767.45	912.55	1107.81
	天津滨海	114.76	118.82	162.86	75.51	90.00	75.11
	石家庄高新区	34.34	53.17	54.89	49.95	61.32	59.96
全国 R&D 投入（亿元）		13015.63	14169.88	15676.75	17606.13	19677.93	22143.60
科技园区 R&D 占全国 R&D 比重（%）	北京中关村	3.90	4.20	3.67	4.36	4.64	5.00
	天津滨海	0.88	0.84	1.03	0.43	0.46	0.34
	石家庄高新区	0.26	0.38	0.35	0.28	0.31	2.70

资料来源：根据历年《中国火炬计划统计资料》《中国科技统计年鉴》中数据计算归纳所得。

人才是科技园区构成的关键要素，人才的数量和质量直接关系到科技园区创新发展的水平和速度。自京津冀协同发展战略实施以来，三地财政持续加大对人才的投入，多次出台人才引进政策。如表6-3所示，2014~2019年除北京中关村 R&D 人员（全时当量）和科技活动人员数量持续增长，津冀两地人员增长有限且状态不稳定。2014年北京中关村 R&D 人员（全时当量）为12.55万人，科技活动人员为43.33万人，2019年分别达到了18.89万人和86.31万人。相比之下，2014年天津滨海新区 R&D 人员（全时当量）为2.17万人，科技活动人员为6.28万人，2019年分别为2.12万人和5.42万人，出现小幅回落；2014年石家庄 R&D 人员（全时当量）为1.25万人，科技活动人员为2.18万人，2019年分别为1.21万人和3.29万人，表明津冀两地的人才引进政策缺乏一定的竞争力，人才发展环境有待优化。

表6-3　　　　　　　京津冀部分科技园区人才投入情况　　　　　　　　单位：万人

分类	地区	2014年	2015年	2016年	2017年	2018年	2019年
R&D 人员全时当量	北京中关村	12.55	13.83	14.89	18.24	16.63	18.89
	天津滨海	2.17	2.10	2.90	2.43	2.51	2.12
	石家庄高新区	1.25	1.43	1.69	0.80	1.38	1.21
科技活动人员	北京中关村	43.33	60.46	66.07	73.58	78.47	86.31
	天津滨海	6.28	6.16	6.67	6.31	5.57	5.42
	石家庄高新区	2.18	2.31	2.75	2.71	3.20	3.29

6.1.1.2 创新产出能力

创新产出能力取决于科技园企业主体规模、企业运行状态以及经济效益等方面。高新技术企业作为科技园区创新产出成果主体，其创新产出成果在科技园区中实现转化，高新技术企业发展和创新能力成为科技园区增强创新实力和提升核心竞争力的重要抓手，如表6-4所示。

表6-4　　　2019年京津冀科技园区高新技术企业创新成果产出

科技园区创新成果产出	专利申请量（项）	专利授权量（项）	营业收入（万元）	技术收入占营业收入比重（%）
北京	83717	52225	664221	20.25
天津	60792	49072	5417	10.84
河北	101274	57809	4963	9.68

资料来源：根据《2020年中国火炬统计年鉴》《2020年中关村年鉴》《2020年天津科技年鉴》整理。

如表6-4所示，在反映科技园区高新技术企业创新产出能力的指标中，从整体上看，北京在营业收入、技术收入占营业收入比重等方面远远超越津冀两地。从专利申请量和授权量来说，河北超越了京津两地。究其原因，一方面河北科技园区依托雄安新区拥有较好的科技创新和产业基础，专利技术申请量居于三地首位；但专利申请量与授权量极差较大，主要是由于部分专利申请创新度不足，高新技术发展过程中创新驱动力不足；京津科技园区虽有较好的产业基础，但专利申请活跃度不足，在高新技术专利申请量上仍具有提升空间。另一方面，营业收入指标相差悬殊，表明京津冀科技园区发展存在异质性和不均衡性。综合以上分析发现，提高高新技术企业创新能力、增强产业集群效应，是三地政府在京津冀科技园区协同发展中需高度重视的问题。

6.1.1.3 科技孵化能力

政府要努力构建科技产业孵化转化机制，该机制是通过园区平台企业、产业联盟、高校院所等科技平台资源有效整合北京各类科技创新资源，通过移植既有的创新创业服务资源对接津冀科技发展与产业升级需求，向津冀科技园区进行科技产业孵化转化，支撑京津冀科技园区创新合作。如表6-5所示，2019年高新区科技企业孵化器数量、加速器内企业数以及在国家高新区总数中的占比看，虽然三地科技园区孵化器和企业数都超过了1000家，但北京科技园区的孵化器不仅超过了10000家且占到了高新区总数的12.3%，为津冀两地总和的3倍。究其原因，得益于北京拥有清华、北大等众多高校以及科研院所，具备实现大量科技成果转化的基础条件，此外还拥有中关村庞大产业体系的支持和容纳大量孵化企业的成果转化基地。天津拥有与北京合作共建的滨海－中关村科技园区，宝坻京津中关村科技城等科技孵化重大平台。

表6－5　　　　2019年高新区科技企业孵化器及加速器内企业数分布

省（市）	科技企业孵化器及加速器内企业数（个）	占国家高新区整体的比例（%）
北京	13642	12.3
天津	1740	1.9
河北	2520	2.6

资料来源：科技部火炬高技术产业开发中心，中国科学院科技战略咨询研究院．国家高新区创新能力评价报告［M］．北京：科学技术文献出版社，2020：5－10.

随着京津冀协同发展中明确提出"京津研发，河北转化"的口号，我国"十四五"规划要求提高科技成果在河北孵化转化成效，这对河北来说是机遇与挑战并存的关键性阶段。由此可见，河北在提升科技成果转化能力方面需加快对接京津科技园区，建设成果转化共同体。2017年覆盖河北5市区和11个产业园区的河北·京南科技成果转化示范区宣布成立，此后三地共有20多个重大科技成果在示范区成功转化。截至2021年，河北已建成33个科技企业孵化器，科技孵化能力持续增强。

6.1.2　京津冀科技园区协同发展中政府合作现状

"十三五"时期对京津冀发展的规划文件中指出在未来五年探索构建产业创新协同机制，构成"三地一盘棋"布局形式，意在强调科技创新和高新技术产业发展对京津冀协同的驱动作用。"十四五"规划要求京津冀三地从产业转型升级、缩小公共服务差距、促进协同创新等方面实现有效协同，在科技创新、产业链升级和价值链重构等方面发挥三地政府协同治理的有效作用。以科技园区为载体实现协同治理和创新发展，能够发挥疏解北京非首都功能的作用，且未来将在延长并完善三地产业链上有所作为。

根据政策指引，本章拟从中央政府的顶层设计到三地政府合作的开展，从协同发展政策的出台到协同创新共同体的建设，再到产业转移和产业协同三个方面对京津冀政府在科技园区的协同进行论述。

6.1.2.1 政府政策协同现状

一个科学有效且适当合理的制度体系是政府间协同治理扎实推进的基本保障,京津冀三地协同有序推进需要紧跟新时代发展的步伐,更需要制定顺势而变的合理规划并真正落实执行。由于中央和三地政府的高度关注和重视,科技园区创新能力的提升和协同发展逐渐在京津冀协同发展战略中占据主导地位,有关推进京津冀协同发展的政策条例及各种规范性文件相继出台,对三地政府和科技园区展开合作,促进创新活动开展、产业协同发展、实现科技资源共享具有重要意义。因此本章梳理了2014年至2021年有关京津冀科技园区的部分政策文件,如表6-6所示。

表6-6　　　　京津冀科技园区主要政策文件(部分)

制定主体	主要政策
中央政府	《京津冀协同发展纲要》
	《关于支持河北雄安新区全面深化改革扩大开放的指导意见》
	《促进科技成果转移转化行动方案》
	《关于促进国家级新区健康发展的指导意见》
	《国家高新技术产业开发区"十三五"发展规划》
	《国家科技企业孵化器"十三五"发展规划》的通知
	《关于促进国家高新技术产业开发区高质量发展的若干意见》
三地(两地)联合	《京津冀协同发展战略研究和基础研究合作框架协议》(2014年)
	《京津冀智能制造协作一体化发展联盟框架协议》
	《关于共同推进京津冀协同创新共同体建设合作协议(2018~2020年)》
	《北京市人民政府、天津市人民政府加快建设天津滨海—中关村科技园合作协议》
	《共同推进中关村与河北科技园区合作协议》
	《关于加强京津冀产业转移承接重点平台建设的意见》
	《共建天津未来科技城京津合作示范区合作协议》
	《关于加强京津冀产业转移承接重点平台建设的意见》
北京	《中关村国家自主创新示范区提升创新能力优化创新环境,支持资金管理办法实施细则(试行)》
	《北京市人民政府 天津市人民政府加快建设天津滨海—中关村科技园合作协议》
	《关于建设京津冀协同创新共同体的工作方案(2015~2017年)》
	《关于进一步推动滨海-中关村科技园高质量发展的若干措施》

续表

制定主体	主要政策
天津	《天津市支持重点平台服务京津冀协同发展政策措施》
	《关于天津市促进承接北京非首都功能项目发展的政策措施（试行）》
	《天津滨海高新技术产业开发区孵化器管理办法（试行）》
	《天津高新区加快创新创业载体建设的若干举措（试行）》
河北	《河北省科技创新三年行动计划（2018~2020年）》
	《河北省人民政府关于促进高新技术产业开发区高质量发展的实施意见》

资料来源：根据北大法宝及京津冀政府网站整理。

从上表所列出的各级政府在科技园区共建方面的部分政策有以下特征。一是政策制定能够跟进时代发展要求。自党的十九大报告中首次出现"高质量发展"，近几年来无论是中央下发、三地联合或是三地政府分别制定出台关于京津冀协作发展的文件，都紧贴"高质量发展"的要求，在不偏离国家总体规划的轨道上制定适合三地园区协同政策，促进园区协同创新的基础上将中央政策对自身的益处发挥到极致，推动区域协调创新。二是政策向高端技术产业倾斜，致力于共建协同创新型园区。在三地协同创新共同体建设规划中，要求三地科技园区企业要兼顾新能源、新材料、智能科技等前沿新兴产业的发展，增强跨区域科技园区协同动能，完善并丰富京津冀三地协同创新产业链。三是政策具有全面性、系统性的特征。虽然三地政府联合或是单一政府出台的政策都具有不同的侧重和针对性，但从政策总体看，内容包含了三地科技园区在协同治理过程中管理体制构建的要求，以及针对某个产业或者行业的发展政策，还有人才引进和培养等方面，政策实施和执行能够得到政府的全力支持。在政策体系支撑下，京津冀三地科技园区初步形成具有多个自主创新示范区的协同格局，协同范围也越来越广泛和深入，三地政府未来在科技园区方面的合作将会继续向好发展，为实现京津冀区域"十四五"规划的目标奠定了基础。

6.1.2.2 共建园区发展现状

（1）京津冀科技园区总体概况。科技园区是京津冀三地实现跨区域合作治理的主要途径，三地共建产业园区是实现跨域治理更为便利的方式。截至2021年底，京津冀都市圈区域内现共涵盖14个国家级科技园区和40个省级园区，其中国家级园区包括国家自主创新示范区、高新技术园区和各经济技术开发区。从园区分布情况来看，以北京中关村科技园区和天津国家自主示范区以及天津经济技术开发区为核心，包括位于周边的廊坊、唐山、沧州三个地级市中集中了河北47%的省级以上的科技园区，如表6-7所示。

表6-7　　　　　　　　　　京津冀省级以上科技园区数　　　　　　　　　单位：个

项目	京津冀	北京	天津	石家庄	唐山	秦皇岛	邯郸	邢台	保定	张家口
国家级	14	1	2	2	2	1	1	0	1	0
省级	40	0	0	3	6	2	4	2	3	3
总数	54	1	2	5	8	3	5	2	4	3

资料来源：根据京津冀协同发展数据库整理。

（2）三地合作共建园区概况。在京津冀政府协同创新共同体建设（主要指共建园区）中，三地政府为聚集并融合共享创新资源，共同合作打造了多个促进协同创新和迎接产业转移的产业发展基地和创新平台。北京作为京津冀协同发展的策源地和动力源，充分发挥科技园区的创新领导力量，中关村科技园区作为津冀两地科技园区的"领头羊"，与天津、河北合作共建了多个致力于协同创新的发展平台和创新基地，如表6-8所示。

表6-8　　　　　　2014~2021年京津冀协同创新共同体建设情况

地区	共建园区
京津	滨海-中关村科技园、宝坻京津中关村科技城、京津创智产业园、海兴京津产业转移示范园区、京津州河科技产业园、京津合作园区、京津科技谷产业园
京冀	保定中关村创新中心、中关村海淀园秦皇岛分园、雄安新区中关村科技园、邢台开发区·通州产业园、威县·顺义产业园、沙河·房山产业园、巨鹿·昌平产业园、广宗·良乡产业园
津冀	云上应急产业合作创新示范区、津冀循环经济产业示范区、津冀生活用纸科技创新产业园区、津冀文化产业园区

资料来源：作者依据京津冀政府官方网站资料整理。

从单个地区情况来看，天津各科技园区具有吸引高新技术企业入驻的优势，中关村与滨海新区、武清和宝坻等展开了合作共建模式。河北与北京、天津合作共建产业园区大约55个，创新基地62个，其中160多家在京高新技术企业分布于中关村海淀园秦皇岛分园中[1]。其中发展势头最好且具有较高重视度的尝试是

---

[1] 河北与京津合作共建园区异彩纷呈［EB/OL］.（2019-01-28）［2021-04-21］. http://tjtb.mofcom.gov.cn/article/y/ab/201901/20190102830955.shtml.

雄安新区的建成，雄安高铁的正式开通实现了交通一体化层面的目标。在产业协同方面吸引投资力度不断增强。在生态文明协同治理中，白洋淀流域治理进展顺利，"千年秀林"也在建设过程中，生态系统日渐形成。2020年4月，雄安新区成立了津冀两地企业合作的创投基金管理有限公司，更加丰富了河北创业投资基金管理平台。截至2021年底，雄安新区的规划和政策已基本形成了较为完整的规划体系和政策体系，"未来之城"初具雏形。

6.1.2.3 产业布局协同现状

目前，根据产业定位，三地国家级科技园区中有13个属于先进制造业，软件和电子信息以及新能源产业分别为8个和7个[①]。"十三五"阶段内，在高新技术产业领域中京津冀三地政府主要在新能源产业、电子科技和信息产业、高端制造业等技术性较强的高新产业中加强了合作力度，专注于攻破关键技术，共同打造高新技术产业优势。2020年，北京行业资本中173.2亿元为在天津和河北的出资额，同比增长了46%，占到在京外投资总额的45.1%，其中软件及信息服务业38.4亿元，占投资总额的25.4%，可见三地在高新技术行业协同方面投资力度持续加大且不断向纵深发展[②]。

京津冀产业合作已经成为引领三地创新发展的重要引擎，作为北京对津投资的首选，滨海新区为北京高新技术企业的转移和建造生产基地提供了便利条件。据统计，2020年天津引进北京项目从2014年的538个增长到3062个，增加近5.7倍；收到的京企投资额从1230.50亿元增加到4482亿元，是2014年到位金额的3.6倍[③]。2014年至2020年，北京产业辐射范围持续扩大，产业链不断完善，天津3个高新区（滨海新区、武清区以及静海区）以及河北保定、石家庄等地成为北京企业投资最多的地区，集聚了在京企业的分支机构，且多为服务于创新的高尖端技术行业，致力于扶持津冀两地创新水平提升。

6.2 京津冀国家级科技园区创新协同度评价模型构建

在对京津冀科技园区创新能力发展总体情况及协同创新进行描述性分析后，本章拟用定量分析方法对京津冀协同系统中国家级典型科技园区的创新协同度进

---

① 京津冀三地产业定位日益明晰 [EB/OL]. (2019-12-14) [2021-04-21]. http://www.xiongan.gov.cn/2019-12/14/c_1210395343.htm.
② 陈璐，边继云. 京津冀协同发展报告（2021）[M]. 北京：经济科学出版社，2021：34-40.
③ 武清区抢抓京津冀协同发展机遇累计引进北京项目2276个 [EB/OL]. (2022-03-03) [2022-03-12]. http://www.tj.gov.cn/sq/tztj/zsrd/202203/t20220303_5818952.html.

行考量。协同学是能够描述系统内在逻辑和规律的理论，而系统从无序到有序最后产生协同效应的整个过程中，很多序参量与外界环境相互作用展开协调或斗争才能够使系统发挥协同效应。协同学理论在实践中的应用使得政府间协同治理应运而生，协同治理就是一个有效运转的系统。同理京津冀政府以科技园区为载体实现协同目标的过程就是把京津冀作为一个复杂的系统整体，此系统是否高效运转直接表现为北京科技园区子系统、天津科技园区子系统、河北科技园区子系统在这个系统从无序到有序的变化中是否能够保持一致，而测度这种一致性的衡量指标就是协同度。因此本章通过构建京津冀典型国家级科技园区创新协同评价模型，运用复合系统协同度模型来测算京津冀科技园区创新系统的协同度，以此透视出京津冀三地政府间协同治理的问题。

6.2.1 评价指标体系构建

本章立足于京津冀发展实际，基于协同创新视角，借鉴国外成熟的区域创新协同度评价体系，使用创新投入（人员投入和经费投入）和创新产出（专利申请授权数）为主要衡量指标，及国内主流的协同创新度评价体系，结合本章实际，京津冀科技园区协同创新系统由北京、天津、河北三个科技园区创新子系统组成，其中每个子系统又划分为创新人员投入、创新经费投入、创新成果产出和经济产出等四个序参量，依据序参量设计 11 个二级评价指标。通过以上指标体系测算 2014~2019 年三地科技园区各子系统协同创新有序度。数据来源于历年《中国科技统计年鉴》《中国高技术产业统计年鉴》《中国火炬统计年鉴》及京津冀三省市统计年鉴（如表 6-9 所示）。

表 6-9　　　京津冀科技园区创新协同度评价指标体系

子系统	序参量	衡量指标	单位
创新资源投入、创新产出（北京、天津、河北）	人员投入	R&D 人员全局当量	人/年
		科技活动人员	人
	经费投入	R&D 经费内部支出	万元
		科技活动经费内部支出	万元
	创新成果产出	专利申请量	项
		专利授权量	项
		营业收入	万元
		技术收入占营业收入比重	%

续表

子系统	序参量	衡量指标	单位
创新资源投入、 创新产出 （北京、天津、河北）	经济产出	净利润	万元
		上缴税额	万元
		出口创汇额	万元

6.2.2 有序度测量模型

有序度是衡量各子系统在协同过程中是否具有一致性。设定子系统 S_j，$j \in [1, k]$。这里的子系统 S_j 是指北京、天津、河北科技园区的协同创新系统。假定三地协同创新系统的演进存在序参量，可表示为：$e_j = (e_{j1}, e_{j2}, \cdots, e_{jn})$。其中 $n \geq 1$，$\beta_{ji} \leq e_{ji} \leq \alpha_{ji}$，$i \in [1, n]$，$\alpha_{ji}$ 和 β_{ji} 表示序参量 e_{ji} 取值的上限与下限。j 为子系统数量，因本章以京津冀三地科技园区为研究对象，即 $j = 3$。序参量 e_{j1}，e_{j2}，$\cdots$，e_{jm_1} 的取值与子系统有序度具有正相关，同理，序参量 e_{jm_1+1}，e_{jm_1+2}，$\cdots$，e_{jn} 的取值也与子系统有序程度正相关。根据式（6.1）计算子系统 S_j 序参量的有序度。

$$U_j(e_{ji}) = \begin{cases} \dfrac{e_{ji} - \beta_{ji}}{\alpha_{ji} - \beta_{ji}}, & i \in [1, m_1] \\ \dfrac{\alpha_{ji} - e_{ji}}{\alpha_{ji} - \beta_{ji}}, & i \in [m_1 + 1, n] \end{cases} \tag{6.1}$$

6.2.3 复合系统协同系数模型

对子系统协同创新有序度的测算，考察 e_j 对子系统 S_j 有序性贡献的总和，在此需对 $U_j(e_{ji})$ 进行集成处理。一般情况下，采用线性加权平均法进行集成，具体做法如下：

$$U_j(e_j) = \sum_{i=1}^{n} w_i U_j(e_{ji}) \geq 0, \ w_i \geq 0, \ \sum_{i=1}^{n} w_i = 1 \tag{6.2}$$

w_i 为计算协同度时的三地权重，发明专利在一定程度上反映了地区创新水平，运用京津冀科技园区发明专利数据，基于熵值法计算得出三地权重，分别为 0.454、0.393、0.153。由式（6.1）和式（6.2）可知，$U_j(e_j) \in [0, 1]$，若 $U_j(e_j)$ 取值越大，则表明 e_j 对子系统 S_j 有序的贡献越大，反之则越低。最后，计算得出科技园区整体协同创新度水平。测算科技园区整体协同创新程度需构建复合系统协同度模型 D，公式如下：

$$D = \sqrt{C \times T} \tag{6.3}$$

$$C = \left\{ \frac{U_1(S_1) \times U_2(S_2) \times U_3(S_3)}{\left[\frac{U_1(S_1) \times U_2(S_2) \times U_3(S_3)}{3}\right]^3} \right\}^k, \ 0 \leqslant C \leqslant 1 \tag{6.4}$$

$$T = \frac{U_1(S_1) \times U_2(S_2) \times U_3(S_3)}{3} \tag{6.5}$$

其中，定义 C 为系统耦合度，表示各子系统间强弱关系，k 为调节系数，$k \geqslant 2$，本书取值 $k=2$。T 为系统综合评价得分结果，根据 D 的数值，可对复合系统协同程度进行排序与分类。

6.3 京津冀国家级科技园区创新协同度测算与评价

6.3.1 序参量与子系统有序度

对各系统有序化程度的度量即为有序度，有序度数值越大，说明系统有序化发展程度越高。根据京津冀三地各子系统的序参量标准化数据指标体系，通过对原始数据进行标准化处理后，运用式（6.1）计算后得到京津冀科技园区子系统序参量的有序度，结果如表 6-10 所示。

表 6-10　　2014~2019 年京津冀国家科技园区创新系统各序参量有序度

年份	省份	创新人员投入	创新经费投入	创新成果产出	经济产出
2014	北京	0.245	0.588	0.163	0.445
	天津	0.220	0.319	0.173	0.318
	河北	0.162	0.290	0.183	0.393
2015	北京	0.246	0.570	0.120	0.491
	天津	0.194	0.340	0.180	0.371
	河北	0.136	0.310	0.204	0.415
2016	北京	0.301	0.616	0.134	0.497
	天津	0.235	0.306	0.213	0.340
	河北	0.145	0.341	0.182	0.404

续表

年份	省份	创新人员投入	创新经费投入	创新成果产出	经济产出
2017	北京	0.317	0.637	0.241	0.528
	天津	0.228	0.304	0.230	0.307
	河北	0.175	0.295	0.197	0.393
2018	北京	0.308	0.721	0.243	0.561
	天津	0.257	0.403	0.251	0.375
	河北	0.194	0.339	0.234	0.409
2019	北京	0.323	0.823	0.247	0.593
	天津	0.218	0.421	0.263	0.392
	河北	0.187	0.362	0.254	0.412

利用式（6.2）可进一步计算出京津冀科技园区子系统协同创新有序度，结果如表6-11所示。

表6-11　　　2014~2019年京津冀国家级科技园区创新子系统有序度

省份	2014年	2015年	2016年	2017年	2018年	2019年
北京	0.402	0.461	0.462	0.472	0.695	0.703
天津	0.219	0.278	0.337	0.283	0.312	0.326
河北	0.174	0.258	0.295	0.291	0.301	0.312

如表6-11所示，京津冀科技园区子系统协同创新有序化整体呈现提升状态。其中，北京有序化程度呈现稳步提升状态，且总体水平较高，2017年之前处于平稳状态，2018年后大幅提升，表明北京科技园区创新子系统处于调整期，意在等待新契机使北京科技园区协同创新能力得到跃升；相对于北京科技园区较高的协同创新水平，天津科技园区总体发展态势一般，2017年出现小幅回落，2018年又缓慢上升。表明天津科技园区子系统协同创新有序化进程面临困难，协同创新水平处于不稳定状态，为此找准子系统协同创新有序度波动根源，突破有序化进程难关为当前首要任务；河北科技园区子系统协同创新有序度较低，2017年出现小幅回落但超过同年天津科技园区子系统协同创新的有序度，表明河北科技园区子系统协同创新有序度虽不稳定但在京津两地带动下，创新水平和创新能力有了较大提升。

6.3.2 协同创新系统协同度

基于三地科技园区子系统协同创新有序性的演变,利用公式(6.3)、公式(6.4)、公式(6.5)进一步测算出2014~2019年京津冀科技园区整体协同创新度(见表6-12)并参考协同度标准(见表6-13),从中把握各年份的协同创新效应和演变规律。

表6-12　　　　　　京津冀三地科技园区协同创新度水平

年份	2014	2015	2016	2017	2018	2019
协同度	0.193	0.241	0.272	0.261	0.365	0.383

表6-13　　　　　　　　协同度划分标准

D≤0.6	0.6<D≤0.8	0.8<D≤0.1
低度协同	中度协同	高度协同

如表6-12、表6-13所示,京津冀科技园区协同创新系统整体处于协同状态(协同度为正值),但协同度的值均低于0.6(低度协同),协同化进程仍旧缓慢。2014~2016年京津冀科技园区协同创新整体协同度缓慢上升,2017年出现小幅回落,说明科技园区协同程度有所减弱,2018年后出现缓慢上升。科技园区整体协同度最大值为0.383,最小值为0.193,极值波动较大,表明京津冀科技园区协同创新关系并不稳定,区域协同创新仍面临难题与挑战。

6.3.3 测算结果分析

以上就是对京津冀科技园区2014~2019年协同创新情况测算后的三地科技园区创新系统有序度与协同度的结果,现对上述结果进行简要总结分析。

第一,以有序度的视角得出的结论是,京津冀科技园区协同创新系统有序度数值的变化表明各创新系统内部要素在相互作用下的有序程度。根据上文得出的评价结果,从2014年至2019年京津冀科技园区创新系统有序度从总体上看变化趋势都是不断变大的,证明京津冀三地科技园区创新协同有序程度在逐年提高。

更细致的分析呈现这种结果的原因,北京在创新人员投入、创新经费投入和创新成果产出等方面的有序度也明显比天津和河北要高。通过计算发现,2018~2019年在创新经费投入方面,北京是津冀两地经费投入的近两倍,足以看出北京作为科技创新中心雄厚的经济实力和较高的创新水平。北京中关村科技创新示范区创新资源和高端人才集聚度高，园内企业、大学和科学研究所为科技成果转化、企业孵化提供了平台，在"互联网+"时代对北京中关村探索新的领域具有重要价值。天津科技园区子系统有序度水平在创新人员投入及创新经费投入两方面比较高，主要得益于在京津冀协同发展战略上升为国家战略后，天津与北京中关村合作建立了滨海-中关村科技园区、宝坻京津中关村科技城等科技园区，京津冀协同创新得到了天津市政府的高度重视，出台一系列如支持人才引进和落户、财政投入等政策措施，加大吸引科技人才入驻天津的力度；同时，北京中关村产业转移为天津高新技术产业发展提供了助力，增加了经济产出，促使天津科技园区创新发展有序程度有所提高。河北科技园区创新系统有序度最低，创新人员投入要素各年均低于0.2，原因一方面是河北在引进和培养科技人才以及创新资金方面投入不足，另一方面是北京产业链主要由信息和先进制造业构成，与长三角和珠三角两地较为相似，而天津和河北目前仍以基础加工制造业为产业核心，尤其是河北地区，进而导致北京中关村的辐射带动作用不足，也从侧面说明了三地区之间存在行政制度壁垒，园区产业转移困难。

第二，以协同度的视角得出的结论是，京津冀科技园区创新协同效果显著，三地科技园区创新能力和创新水平有了明显提升，也从侧面反映了三地政府协同治理持续发力。三地实现了共建园区、科技成果转化基地、产业联盟等五种协同创新共同体共建模式，推动了京津冀三地协同创新的发展进程但也应该注意到创新协同整体还是处于低水平的状态，其协同度在2019年也未达到0.6（低度协同）。其原因主要在于，行政壁垒、产业转移带来的负面效应等都是三地科技园区协同度的阻力，未来应在加强协同创新方面持续努力。

6.4 京津冀科技园区创新与协同发展存在的问题及原因分析

6.4.1 存在的问题

6.4.1.1 政府协作治理层面

（1）政策衔接、落实不到位，政府监管形式单一。三地发展水平尤其是经济层面的发展差距使得产业转移这种弥补区位差异的做法具备可能性。虽已出台了

《关于京津冀范围内纳税人办理跨省（市）迁移的有关问题的通知》等相关政策，认定企业即使迁出，仍然可以依照原所在地享受税收优惠，但中关村等较为成熟的创新基地，从政府采购支持方面仍然拥有外地创新园区无可比拟的区位优势。另外，部分产业、行业的跨区域资质互认进程与长三角地区比较相对较慢，目前京津冀一体化进程已实现或正在推动的有职称互认、异地就医社保互认、异地公积金贷款互认。早在2017年国家质检总局提出要实现京津冀行政审批事项一体化认证和质检等部分领域的资质互认，但在实际政策落地过程中未能达到预期效果。

（2）政府主导致使产业转移缺少持续性。自京津冀协同发展战略上升到国家战略以来，三地协同构建的新兴科技园区虽然层出不穷，但现实情况是产业转移的承载地集中在雄安新区和北京城市副中心。这些承接平台大多是中关村管委会津冀两地地方政府之间的政治行为，以政府主导，在一定程度上能够推动三地政府间跨区域合作的进程，加快构建三地政府对话机制，但在产业转移过程中市场活力不足，市场无法有效发挥调节资源配置的作用，导致作为转移主体的企业缺少自主权，企业利益无法得到很好的保障。在这样的跨区域合作模式下，即使能在短期内看到成效，实现短期共赢，但政府及管理机构的过多干预会导致企业缺少积极性和创造性，久而久之，这种缺少市场作用的表面共赢终会导致产业转移链条的断裂，从而影响到京津冀协同创新及合作的发展进程。

6.4.1.2 科技园区产业转移与发展层面

（1）科技园区的绩效考核机制尚不完善。科技园区的绩效考核机制尚未完全建立，未形成明确的考核指标和奖惩机制，目前已建立绩效考核机制的园区，例如京津合作园区滨海－中关村科技园的绩效考核指标主要遵从中关村的考核指标，未结合滨海－中关村科技园的定位实际和园区企业实际制定绩效考核目标。滨海－中关村以发展总部经济为主，缺少产业用地，与其他合作园区相比存在一定的差别，采用同样的考核指标会造成绩效考核结果不合理，对于调动园区积极性产生负面影响。

（2）存在行政制度壁垒，园区产业转移困难。经济发展失速、就业岗位数量下降，尤其是税收流失等原因使当地政府无法以积极的态度面对企业转移问题。针对税收流失问题，虽有国家税务总局相关文件支持，但实践中受限于现实政策一直未真正落地，实施细则暂不明确且门槛过高，企业异质性等问题也使得政策难以落地。

在京津冀科技园区合作发展过程中，京津冀三地科技园区自身资源禀赋差异显著，致使产业链、创新链和功能链在运行中无法高度融合，无法形成合理有效的梯度转移对接通道，创新能力得不到充足释放。以中关村科技园区为例，其产业链主要由信息和先进制造业构成，与长三角和珠三角两地较为相似，而天津和河北目前仍以基础加工制造业为产业核心，尤其是河北地区，不论是产业基础、人力素质还是发展驱动方式，都与长三角和珠三角有着明显的差距。不可忽视的是，现代物流技术的飞速发展在促进要素有效流通的同时，在京津冀三地科技园区合作中并未一直扮演正面角色，甚至在一定程度上来看，现代物流体系损害了津冀区位优势的有效发挥。另外，津冀作为北京中关村科技园区产业转移的目的地，在承接中关村产业转移的过程中产生的一系列问题（如生态环境成本），两地难以做到合理的成本分配，产生的利益纠纷较大程度上打击了北京中关村科技园区产业转移的积极性。

（3）产业同构现象明显，产业链协同度较低。目前来看，在京津冀科技园区发展中北京和天津存在一定程度的产业同构化现象，三地产业园区未形成具有创新能力的产业链和产业集群。从长远角度来看，单纯产业层面已不再能成为驱动创新的核心要素，具备特色优势的产业群将真正成为支撑园区健康稳定持续发展的核心动力。一方面，京津两地近年来经济发展速度较快，其基础设施和环境方面的压力也逐渐加大，由城市规模逐渐扩大带来的一系列城市病问题日益凸显。两地城市发展定位和具体功能的发挥亟待转变、产业结构调整亟待转型以及亟待寻求周边地区支持和协作。另一方面，作为北方经济中心的天津，近些年因环保原因舍弃大量传统优势产业，将城市主要发展动能转向以现代科技研发和先进制造业为主，这一转变与北京的功能定位存在一定程度的重合，在未来发展路径的选择中需要加以关注。

（4）产业布局与地区功能定位不匹配。作为国际港口城市，北方经济中心和生态城市，天津经济中心地位与北京相比并未显现其优势地位，现代服务业发展相对较缓。天津市各国家级及省市级园区重点发展的传统行业集中度排名为：电子信息、汽车工业、能源电力、医疗医药、机械设备。党的十八大以来各园区将发展重点转向高新技术产业，多个科技园区的功能聚焦园区优势产业，打造各级别一流产业园区，缺少明显特色和支撑产业，主导产业的趋同性造成各园区之间的竞争逐渐突出。例如，武清开发区及宝坻京津中关村均利用其地理位置优势，将园区功能定位于承接和转化京津合作项目及来津转移项目，区域间存在一定的产业竞争，这种竞争一方面提升了园区发展的积极性和工作效能，对产业发展具有一定的促进作用，另一方面造成各园区之间的交流协作较少，为区域间科技园区的协同带来了一些问题。北京市在"十一五"规划中将自身定位为"国际型大都市""历史文化名城""宜居城市"，却因追求经济发展水平的较快提升在市区集中大量工业企业，不可避免地导致"大城市病"出现。

6.4.1.3 区域经济与均衡发展层面

(1) 未形成具有竞争力的区域经济增长极。根据我国对京津冀科技园区的发展定位来看，滨海新区作为渤海湾西岸经济增长极，曹妃甸临港工业区、沧州渤海新区位于它的两翼。可实际上三地在发展中仍是竞争大于合作的关系。空间结构优化推进缓慢，京津冀三地政府间协作模式有待创新，且由于尚未建立完善的利益共享与风险共担机制，高低层次园区的合作积极性差异较大。

京津冀三地政府部门机构管理的复杂性导致协作过程中出现权责划分不明、利益共享机制不完善、政策落地时间长、协作效率较低等问题。由于涉及跨区域跨部门等多方利益，各方推进合作的积极性有待提高，高层次园区的合作积极性明显低于需求较多的低层次园区，迫切需要三地政府间通过对话磋商建立跨区合作的税收分成和风险共担机制，提高双方合作的积极性。以天津市自贸区为例，名义上的京津冀自贸区事实却是天津"单打独斗"，北京和河北缺少呼应。

(2) 京津冀"极化"现象明显。京津冀三地内部差异较大。近年来，京津冀三方已经形成协同发展的思想理念，在实际操作中也得到了体现并呈现出同步性逐渐增强的良好局势，但是总体上仍存在行政手段干预的现象，未形成合理运用经济手段调节彼此之间利益的体制机制。未来三地发展，需要将主要精力放在对税收征管体制、人力要素流动机制、以养老金缴纳为核心的社保体系建设等方面，更好地促进三地间政策协调，加快三地一体化进程。

综上，在京津冀三地尤其是在京津两直辖市之间，在科技创新协同发展过程中，从科技创新到研发转化，最终落脚到产业化，整个创新过程都存在竞争过度，未形成有效的合作机制。而这一现象导致的后果主要包括：三地要素无法高效流动；资源使用效率低下；全要素生产率与长三角、珠三角等发达地区拉开差距等问题。应该看到的是，在行政区划不作出较大调整的前提下，三地政府的竞争存在一定的必然性，且很大可能性这些竞争无法在短期内得到根本性扭转。因此，要提高京津冀区域协同创新能力，需在政府竞争这一前提下制定相应的对策措施以提升区域科技创新的效率。

6.4.2 原因分析

6.4.2.1 行政区划和经济区划差异大

行政区划在我国各地区经济发展中通常产生重要影响，但经济区域划分存在的不协调与不一致等现象，更是我国城市圈发展的主要障碍。尤其在京津两地协同发展过程中,行政和经济要求的不匹配问题所引致的问题更为突出。区划的差异所带来的最主要问题便是财政与税收收入的分配问题,各地方政府官员在制定当地发展政策时从自身需求出发的基础上来寻求合作点,由于信息的不对称性导致各地方在实践中很难形成信息资源共享机制。现实表明,行政区划依然是政策衔接的障碍,不利于相关政策的落实,会导致高新技术产业不愿前往基础设施和政策支持不发达的地区,对京津冀协同创新起到反面影响。

6.4.2.2 超大城市与次级城市的发展不均衡

按人口划分,北京和天津两大直辖市属于超大城市行列,但同属于京津冀都市圈范围的河北省11个地级市发展相对欠发达,京津两地与河北省地级市之间发展差距巨大。由2021年国家统计局数据可知,从人均经济总产值看,河北省人均GDP不仅远低于京津两市,甚至不及全国平均水平。另外,京津两地对科技人才具有"虹吸"效应,人才的集聚是协同创新的基础要素。京津两地对于人才较高的吸引力导致河北省在协同创新中缺乏驱动力,京津冀发展水平差距悬殊。从上几章节中可以看出,河北省在人员、专利、创新收入和高技术产业发展等方面与京津两地都有明显的差距,在区域协同创新中动力不足。

6.4.2.3 "协同"意识不足,京津冀三地存在偏好差异

京津冀协同发展战略受到重视以来,受限于政治、经济等因素,三地政府所站的角度不同,在协同目标上存在较大的差异,对于"协同"的认知水平也并不完全一致,由此给三地协同治理的落地执行带来了较多阻碍。从理论层面来看,京津冀协同发展并不是简单意义上的区域同质化和均等化,而是真正意义上的差异化发展,但这种差异化是在协同发展基础上的差异,能够解决京津冀三地区域发展中存在的问题,实现三地共赢。在京津冀三地中,河北的主导权较弱,但京津两地在协同方面仍旧存在意识上的差异,天津作为京津冀城市群中的中间城市,在京津冀协同发展过程中,三地的合作需要天津作为中间力量去推动和实现,因此天津和北京在无形之中也存在着"博弈",导致京津冀三地在现有发展水平上和未来发展战略方向上存在不一致性,决定了三地在区域协同创新中存在偏好性差异。

6.4.2.4 政府主导和利益冲突带来负面效应

在京津冀协同发展的初级阶段,鉴于北京自身定位与前期发展规划不同,出现了"大城市病"与"非首都功能"等问题,短期内做到对大城市病的诊治与非首都功能的疏解,依靠行政力量进行适当的干预存在必要性和合理性,也是此

发展阶段最好的政策选择。但随着协同发展阶段的逐步深入，一味依靠行政手段干预市场要素的自由配置对于志在构建高端要素市场配置机制的京津冀都市圈来讲存在诸多显而易见的弊端，操作不好甚至会造成对行政调节方式的过度依赖。行政性手段相对市场要素发挥主导作用的机制可能在较短时期内推进京津冀三地产业与创新的协同，但行政手段在要素分配效率、合理程度上与市场机制的落差使之不可成为长久之计。另外，涉及三地产业转移方面的问题，利益分配的不均衡始终是产业高效合理转移的"拦路虎"。产业转移中牵扯到的政府与企业、公众之间的利益分配问题，主要是现存利益协调政策与制度的缺失导致。当前的利益分配机制在解决一些如税源流失等核心问题上显得针对性不强，难以对三地之间产业合理转移提供有效帮助。

6.4.2.5 三地创新制度体系和产业政策体系的差异性

制度和政策是产业转移顺利实施的必要因素，在京津冀三地产业转移过程中，三地政策的精准性、有效性、实践性明显未达到促进产业高效转移的程度，三地产业转移过程中失败案例频发。主要原因仍是在相关政策缺失导致的当地企业无法弥补自身失去核心产业之后带来的发展困境。另外，转移过程中行政部门手续繁琐、效率低下等原因也成为三地产业转移中的体制性障碍。此外，京津冀三地经济发展水平的差异性导致三地的产业和创新体制机制存在一定差异，也是造成京津冀科技园区产业协同和创新发展阻碍的原因。京津冀三地之间，尤其是北京和河北，在产业政策、政府对创新发展的重视程度、支持力度和创新配套设施方面都存在着"断崖式"的差距和落差。

第 7 章

促进京津冀科技创新与协同的建议

协同创新共同体建设，是京津冀协同发展的一项重要内容，是推动京津冀创新与协同发展的重要途径，是中国经济高质量发展的助推剂。为更好实现京津冀协同发展，科技创新与协同在其中起到至关重要的作用，为充分发挥北京重要政治中心、文化中心、国际交往中心、科技创新中心的四大功能作用，津冀两地在疏解非首都核心功能中扮演重要角色。如何使三地充分利用禀赋优势？使转型升级更加全面彻底？一般来说一是集聚、二是辐射，并使二者有机集合。这就需要各地打破自家"一亩三分地"的思想，尤其是北京作为全国科技进步环境排名第一的地区，在京津冀创新与协同发展战略实施的背景下是秉持"主要向外疏解低端产业"思想，还是将其科技创新资源的配置突破北京区域，在津冀区域或更大的经济区域范围内进行？为实现京津冀三地科技创新与协同发展，可从创新政府合作机制、扫除协同治理障碍、区域共享机制的建立、构建区域创新链、税收优惠分成等方面着手。

7.1 创新政府间合作机制，优化区域创新环境

7.1.1 构建跨区域合作治理模式，健全法律法规体系

政府要发挥中间力量，构建并完善三地政府间协同联动机制。建立产业转移、产业承接、政策对接一体化平台，利用区别于其他各地的优惠政策围绕重点产业链招商引资，为科技园区企业提供人才、技术、资产流动等无差别的优质服务，引智引资的同时留智留资，促进资金、技术、应用、市场等要素的对接，深入推动产学研一体化。建立财政共同投入机制，对新设立企业的税收增量探索实

行跨地区分享的新办法。推动三地政府探索建立"京津冀共同发展基金",运用第三方机构对三地政府在推动京津冀协同发展中的贡献进行合理的利益分配和成本分担,利用税收分成调动区域积极性,促进利益共享和风险共担机制加快形成。加强各科技园区合作,对于重点领域和产业合作进行培育和建设,营造公平竞争、合作发展的营商环境。

三地政府要依据中央对京津冀协同发展的总体规划,加强政府间行政决策合作探讨,加快出台京津冀区域创新协同建设的整体规划和指导意见,建立起标准化创新协同评价指标体系,从而引领各地实现有效的联动与协调。面对区域创新协同发展的大课题、大骨头,三地政府要坚持"问题导向、重点突破"的区域优化原则,从三地跨区域合作的重点产业、重点园区和重点项目入手进行突破,建设若干协同发展示范区,全力打造雄安新区——京津冀特别合作区,实现三地共建共享。为了保障这些重点产业、园区及项目的协同可持续推进和顺利落地生根,京津冀三地政府一定要探索好协同治理新路径,深入了解其协同发展的根本性需求。站在长久协同的战略高度,三地要携手共进,想方设法破除各种行政壁垒和政策阻碍,共同协商构建起具有示范性和参考意义的创新政策机制和评价指标体系。进而将其不断推广,并上升为具有一般性质的制度法规,稳步推动并形成京津冀跨区域协同政策法律体系。此外,在三地政府间培育起一种"整体、开放、信任和互惠"的基本价值理念,营造平等协作的文化氛围。本着协同互惠的合作理念,树立起区域公共服务意识,才能打破影响区域创新可持续发展的行政管理体制障碍(如有效的信息交流可以加强各地政府间的互动、信任,形成一个互联互通的合作整体)。积极构建区域间信息共享平台,完善信息共享机制体制,这样有利于三地政府开展平等对话,进行有效谈判和实现自主协商,在此过程中将开放、互惠和信任的协同理念内化于心,创设良好的共建氛围,让各地政府都能有机会展示自身的利益要求,最终在相互交流、合作的基础上促进协同治理共识的顺利达成,努力打造京津冀"命运共同体"。

7.1.2 加强区域协调,构建区域统一市场体系

创新驱动发展,京津冀区域协同发展和经济一体化的实现需要科技园区的合作建设以及协同创新。为保障科技园区健康快速发展和三地政府能通过以科技园区为载体的合作获得效益最大化,应构建科技园区完整有效的管理和运营体系。

首先,政府要明确角色定位,对初创园区发挥政策作用积极引导,运用政府

力量搭建多渠道融资体系，通过政府引导性基金撬动社会基金杠杆，打造政策高地，提升初创园区的吸引力。对发展中园区及成熟园区要减少政府干预，充分发挥市场作用，提高市场活力，为企业打造良好的营商环境。政府作为治理主体要充分调研各园区需求，发挥市场、民间组织等多方面力量帮助企业解决运行中存在的问题，引导传统优势产业（如研发制造业、船舶航运业）形成产业规模和稳定的全产业链、供应链，以拉长长板。支持特色产业，智慧产业（如静海开发区样板"智慧社区"的建设），补齐新兴产业短板以促进产业生态圈的形成，探索"政府引导、市场主导"的政府间协同治理新机制，进而创建区域发展合作新模式。

其次，建立起中央到地方多层次的京津冀跨区域创新协同治理机构。健全法制法规形成法律保障，制定相关配套政策并赋予其财政分配权和市场监管权，保持其足够的权威性。在协同治理过程中既要注重宏观层面的合理规划，又要加强多方面可操作性的工作安排，针对协同治理中的突出问题出实招、解难题。充分调动起各地各级政府协同治理的积极性，推进三地建设协同稳步前行。完善区域利益协调机制。政府间关系总是以利益为先，京津冀协同治理的重点就是建立以利益为核心的合作协调机制。为此，根据协同治理需求，首先建立起利益表达机制，打破行政壁垒带来的话语权差异和利益目标差异。在此基础上不断完善事前分配和事后协调相结合的利益协调机制，使得各地都有平等发展的机遇，逐步实现创新协同项目的共创、共建、共管、共享。例如，针对合作项目探索关于税收收益分享的政策机制。同时，京津冀三地政府可以共同申请国家层面的政策支撑，对之前的税收收入分享办法进行修订和完善，制定多层次的分享准入标准，提升不同税种的分享比例，加强三地税收收益分享机制的规范化和法治化水平。

最后，在相关税收优惠政策即将到期的情况下，优化财政补贴的作用机制，借助政府性基金及其他引导性基金加强园区技术引进投入，为园区科技企业提供创新资金支持，建立提升各园区自主创新能力的奖惩指标和机制，真正将企业留住、留好。

7.1.3　加快构建统一、高效的区域发展管理机制

京津冀政府以科技园区共建模式为促进协同治理的切入点和推进协同创新的出发点，有助于三地政府提升协同治理效率，加速京津冀发展经济一体化进程。目前从数量上来看，京津冀三地合作共建的产业园区、产业基地、技术市场和产业联盟等多种协同创新共同体呈现出逐年增加的趋势，大多数为中关村与津冀两

地合作共建，但因为北京中关村独有的优势地位，在三地创新共同体共建模式中容易导致权责不协调的问题。三地政府在科技园区合作过程中要实行区域导向的绩效考核办法，在综合考察和充分调研各园区实际的基础上，根据园区发展方向和定位，建立与之相匹配的绩效考核指标和绩效分配管理办法，对发展总部经济的园区建立以科技创新成果培育和转化为主、以引进科技企业数量和质量为辅的绩效考核指标。除此之外，由于一些其他原因产生制度缺失、利益博弈、生态破坏等方面一系列的问题，为保障其正常运行获得健康有序发展，并能够持续释放创新发展，产业优化的效能，需要为这些共同体建立协同治理体系，包括平等对话机制、利益协调机制和绩效考核等方面内容。

为了进一步提升京津冀三地政府协同治理效能，应当加快改革传统政府绩效考核机制的步伐。根据协同治理目标实现的总体要求，建立起相适应的区域间政府绩效考核机制，不仅有利于破除行政边界带来的行政管理体系障碍，且能够凝聚三地政府为实现共同目标而全面加强协同治理的合力。在实际考核中，重点考察京津冀三地政府为达到区域创新协同而积极合作的态度、能力、效果，并与其行政首长考核结果相挂钩。通过"双挂钩考核机制"，不断增强政府间深度协同意识，真正形成三地政绩考核共同体，形成"一荣俱荣、一损俱损"的绩效考核模式，让"协同与合作"成为区域创新协同的主旋律。

7.2 打破思维定式，扫除协同治理障碍

7.2.1 转变"传统"行政观念、破除行政壁垒

尽快破除三地政府"一亩三分地"的传统思维定式，真正意义上植入协同治理的概念。由于京津冀协同发展的战略决定是中央政府作出的，三地政府在多领域展开合作，建立协同创新共同体等协同治理措施都是在一系列政策出台之后，可见合作缺乏一定的主动性。另外，在三地政府开展合作的过程中大多以自身利益为出发点，盲目排外现象仍旧存在。因此，京津冀三地政府协作想要获得长足发展，必须摒弃传统的行政观念，要使京津冀合作治理真正看到成效是一个循序渐进的过程，三地政府需要在不断的合作中慢慢磨合，但思想观念的转变是实现跨区域合作的前提。三地政府要致力于破除行政壁垒，做好行政区与功能区管理体制的调解工作。建立多主体协作治理模式，以政府作为主导带动多主体参与协作，引导各园区梳理产业定位及布局，挖掘园区特色发挥政策力量，帮助园区在

同质化竞争环境下通过创新和技术投入提升综合能力。赋予通武廊、静沧廊等协同发展创新示范区在开发建设管理机构过程中拥有更多项目管辖权限，合作管理跨区域项目。三地可以从共同面临的问题着手解决，逐渐培养协同理念和利益共享，摒弃地方保护主义思想，清除协同治理障碍，同时致力于打破行政区划，扩大规划和顶层设计的尺度，以城市群或都市圈为基础优化空间结构，解决大城市病与中小城市功能性萎缩问题，构建合理的城市体系。

站在区域协同治理的高度，以"一盘棋思想"强化政策引领和规划指导的大前提下，围绕京津冀协同目标要求全面梳理已有的政策体系，对于和协同目标不一致、不利于协调的政策，及时进行调整或清理，共同研究制定出适合三地"一体化"的政策体系。同时，三地政府要积极推动营商政策在资格互认、异地监管、人才引进等方面的一体化步伐，逐步落实政策标准一体化，建立起"京津冀标准"。建立并完善政府间合作协商体系，形成更强劲的政府区域治理合力，依据当下出现的问题及变化，不断调整修订相关协同治理政策，以确保政策与实际相挂钩，促使政策制定更具针对性和精准性，更好地推动京津冀三地政策、战略及规划和实际项目的有效对接，不断探索政府间合作新模式，提升政府跨区域协同治理效能。建立相互信任的信息沟通平台，充分利用大数据、区块链、云计算等先进的互联网技术，保障各种信息资源在区域间的流动畅通无阻。加快"信息共享"，打破"信息孤岛"，减少政府间因信息不对称产生的沟通障碍，从而强化区域间协同治理的信任感和安全感。

7.2.2 引领区域数字经济发展、促进科技资源共享

数字经济和实体经济深度融合发展的关键动力和机制是什么？是一个急需回答的问题。基于系统的调查研究，我们发现有五个关键因素：一是市场需求牵引，二是政府的战略引领，三是新型平台发展，四是新型研发机构，五是新型创新区的规划和建设。随着市场条件、要素成本和环境约束的变化，我国现在产业的转型升级过程中蕴藏着巨大而迫切的数字化和智能化需求，通过引进数字和人工智能技术改造现有产业，释放现有产业的生产力发展潜力和提升竞争力。

政府的战略引领不仅包括中央政府的政策引导，还包括地方政府的战略推动。其中，地方政府的政策响应不仅要针对国家战略，更重要的是要针对真实的区域产业数字化和智能化市场需求。在某种意义上，从对区域产业数字化和智能化需求的积极响应出发，从加快区域经济转型发展出发，制定完善数字经济发展战略。新型平台是区别于传统平台以产业赋能为主的平台类型。新型平台存在三

个方面的来源：一是传统交易型平台的转型升级。传统交易型平台在融合人工智能技术的基础上，通过发展垂直子业务平台的方式推动融合数字经济和实体经济发展。例如，淘宝特价版和百度APOLLO自动驾驶子业务平台。二是硬科技平台的涌现。例如，华为通过基础软件和硬件基础设施平台建设发展为包括自动驾驶和智能制造在内的产业赋能型平台。三是创新型企业智能化转型升级为新型平台。在数据和经验方面具有显著优势的传统龙头企业，依托数字化与智能化进行生产制造的全新升级，推动产业智能化发展。区别于研究型大学和科研院所，新型研发机构的科技创新活动是以市场为导向的。新型研发机构关注行业共性和关键技术研发，为企业尤其是中小企业提供数字化和智能化转型支持。基于网络空间发展，新型创新区通过包括集聚新型平台、新型研发机构、数字和人工智能企业在内的新动能，加速数字经济发展和经济转型升级步伐。新型创新区是指以数字和人工智能科技产业化和产业数字化为导向的创新区。新型创新区的主要功能包括两个方面：一是聚集科技创新资源实现数字和人工智能科技产业化；二是推动数字经济和实体经济深度融合发展，带动现有产业转型升级。尤其是培育和发展以平台为主导的产业创新生态，成为新型创新区能否全面推动人工智能和经济社会融合的基础。

中国新一代人工智能发展战略研究院发布的《中国新一代人工智能科技产业区域竞争力评价指数2021》显示，在人工智能科技产业区域竞争力排名中，北京位列第一，排名第二的是广东省。从区域竞争力评价指数看，2021年长江三角洲地区的综合评分已经以微弱的优势追上了京津冀地区，排名第一，京津冀地区排名第二，珠江三角洲地区排名第三[①]。在连续四年发布的报告中，前三年（2018~2020年）京津冀地区产业竞争力综合评分排名都是第一。从各项指标看，京津冀地区的优势主要在于基础研究和应用研发。当人工智能科技产业步入与实体经济全面融合发展阶段后，通过加速推动数字经济和实体经济的融合发展，长江三角洲地区发展数字经济的优势开始显现。在"十四五"期间，发展数字经济和规划建设具有全球竞争力的数字经济产业集群是京津冀区域协同发展的新方向。

7.2.3 创新政府监管形式、推进政策顺利对接

加快协同治理重点领域的立法监管，在法律约束的范围内，充分发挥市场机

---

① 中国新一代人工智能发展战略研究院. 中国新一代人工智能科技产业区域竞争力评价指数2021[R]. 2021：14-19.

制作用。对普通行业的监管发挥平台监管和行业自律的作用，例如对科技园区一般类创新创业企业要实行一步式审批，减少限制，降低门槛，简化审批，提高效能。对不同企业实行分类式专门化审批，同一产业类型企业由专人负责对接，在充分了解企业行业特性的同时通过专门化审批进一步提升审批效率。对于关系人民群众利益和生命安全的生物制药等特殊行业的三地协同和监管问题，明确三地政府责任，包括审批责任、监管责任等，严把质量关的同时，推动相关行业审批监管的专业化、专门化和效率化。

　　三地政府要不断完善营商环境协同政策机制。这有利于打破优秀京企顺利外迁的政策壁垒，减少企业跨市转移的各种审批环节，留住"北京身份"的同时去除企业职工的后顾之忧，促进京津冀协同发展。完善企业在转移过程中相关资质和产品的互认互通政策，加强异地监管探索。各地政府要协同发力，积极学习三地人才互认互准的典型经验，加快推进企业跨区域经营中资质和产品的异地互认，尽力减少企业的制度性交易成本，坚决破除妨碍企业转移的行政壁垒。在加强异地监管探索方面，各地政府应学习借鉴北京沧州生物医药产业园的成功经验。作为京津冀地区产业承接集聚化、异地监管协同化的典范，该产业园区实行了北京市食品药品监督局的异地监管和审批新模式，极大减少了企业跨区域迁移后重新报批食药审批文号的时间成本和经济成本，有利于推进产业转移和鼓励企业异地发展。

7.3　构建区域创新链，带动完善区域布局

7.3.1　发展特色集群、优化整体规划布局

　　当前形势下，发展产业集群，不断增强产业集聚化程度是世界各国实现区域创新发展的必由之路。京津冀科技园区创新协同发展初期以产业转移和对接为主要合作形式，但真正完成京津冀协同是一个长期且曲折的过程，要继续推进三地创新协同发展，加速科技成果转化等目标，就要不断提高三地协同治理能力和创新能力，形成规模化产业集群。2021年，我国拥有创新型产业集群109个，京津冀三地共计11个，其中北京3个，天津和河北各4个。由此可见，京津冀三地创新型产业集群数量较少，当前京津冀应全力打造特色集群，使集群优势转变为三地科技园区创新协同的内在驱动力。一方面，利用三地已有协同创新共同体，加大对滨海-中关村科技园区、曹妃甸-中关村科技成果产业化基地等共建园

区、产业基地等共同体的财政支持力度，整合创新资源，汇集高端人才和高新技术人才，促进资源、人才等创新要素在整个大区域自由流动，不断培养创新基础，增强创新协同能力；另一方面，河北、天津两地要充分发挥好产业承接的作用，北京在进行产业转移时也要以优势互补为方向，聚力发展新能源、新材料等高新技术产业及新兴产业，完善并延长京津冀区域创新产业链，以产业协同推动创新型产业集群的形成。

积极发挥政府协同治理作用，从整体上优化产业协同发展布局，有效破解产业协同发展困境。京津冀三地政府要在中央政府高站位的规划引领下，加强实地调研，深入了解各地产业发展的实际状况，明确各自的现实定位和今后的发展方向，本着优势互补和协同治理的原则，为整个区域经济的全面协调发展出谋划策。要在加强区域产业间互动上下功夫，引领区域产业实现梯度转移，发挥政策优惠在产业协同发展重点和薄弱领域的积极作用，指引优势资源要素向重点发展产业的必要和高端环节流动。着力解决三地产业转移和对接中出现的各种难题，极大程度地减少企业转移时的心理负担，为欠发达地区产业承接搭建好应有的平台。突出各地优势资源，合理构建产业价值链条。完善产业链是构建京津冀"双循环"体系的核心。三地政府要坚持互利共赢原则，优先整合区域内生物医药、航空航天等重点产业，破除三地产业同质同构、无序竞争的不良局面，不断完善产业链分工协作机制，努力实现产业转移向精准化和专业化方向发展。构建以高科技互联网技术为核心的信息沟通站点，有效促进各种产业项目的成功对接。支持中关村科技园等知名产业园区在津冀两地设立飞地园区、合作园区和托管园区，充分发挥各地资源的优势互补，为企业转移和对接创设良好的区域创新协同。强化公共服务保障，优化产业承接平台。在整合资源优势做好产业转移的整体规划后，还需要为产业的入驻和后续发展提供完善的基础设施和公共服务保障，降低企业落地成本，让企业真正"留下来"。京津冀三地政府要加强对接协作，制定利于公共服务均等化的行动方案和政策指南，形成教育、医疗、文化等民生合作网络。持续推动"轨道上的京津冀"向纵深发展，构建区域现代化交通网络体系，进一步提升区域整体的吸引力。除此之外，三地政府还要及时出台相应的扶持政策，加快解决好人才跨区域流动后的户籍一体化问题，实现三地人才优惠政策的标准化管理，为京津冀区域产业协同发展提供高技术、高质量的人力保障。

此外，建立公共服务平台不可忽略。首先，打造"领头羊"。这需要智能工厂一体化平台建设，基于大数据的元器件全生命周期管理系统，基于RFID的智能仓库大数据系统。其次，健全数据资源管理机制。一是充分利用数据资源为生产、经营、管理和决策服务，保证各类信息合理有效流动；二是为生产、经营、办公等提供支撑的基础设施资源、计算存储资源和办公终端资源等；三是严格有关数据资源的规章、制度、办法等审核规范。最后，基于互联网打造线上平台。平台提供基础设施，让产业链中的主体产生链接，创造价值。通过技术输出建立标准，赋能产业中的主体。在此基础上，成立一大批数据运营公司，并发挥模范带头作用，从而带动整个市场的良性发展，发挥大数据的最大价值和保障大数据资源的安全性，注重场景的运营，引导各方有效利用云平台。

7.3.2 增强各科技园区实力、制定区域发展水平评价体系

京津冀三地科技园区中，中关村科技园区应继续完善并延长产业链，开发新能源产业，不断增强自身科技实力和创新水平，通过自身实力的增强带动津冀两地科技园区系统的完善，为京津冀政府协同治理起到良好的引领作用。

同时，在京津冀协同发展和"疏非"的进一步深入阶段，天津市政府需进一步转变角色定位，围绕城市功能定位充分发挥主观能动性，进行资源对接和产业发展。天津市政府作为京津冀协同发展过程中的第二大主体，在京津冀协同发展的重要时期及"疏非"取得重大成效的阶段，应充分发挥主观能动性，调动本地政府、市场、企业、居民、社会团体等多方参与主体的积极性，更为主动和有针对性地承接符合城市发展需求的特色产业，将现有的装备制造产业、军事和航运产业做大做强，形成更为强大的产业规模。河北科技园区作为承接北京"疏非"功能的重要基地，对于承接项目要通过政府分类引导，形成集聚，加强企业间的沟通，有效聚集和利用资源，实现"承接"和"发展"对产业和经济的双重促进作用。

7.3.3 转变政府职能、建立区域共享机制

首先，要积极转变政府职能，处理好政府与市场的关系。三地政府要强化市场对资源配置的决定性作用，弱化政府行政因素对资源的配置效果，加快资源要素集聚京津冀，打造创新资源集聚的"洼地"，建设区域营商环境的"高地"。其次，三地政府协同治理时必须破除权力配置下的"虹吸效应"，破解区域行政壁垒，促进生产要素在区域间的无障碍流转和对接，提高北京和天津的辐射带动能力，推动三地逐渐由"双核竞争"转变为"多元共享"。为了避免资源流动两极分化局面的出现，北京和天津政府要有共同发展和相互促进的理念意识，积极与河北各市进行合作交流，与此同时河北政府也要做好产业承接的各种基础保障

工作。只有三地政府抛开狭隘的行政区观念，才能促进京津冀产业对接顺利和协同发展，从而增强京津冀区域竞争力。

其次，长三角地区多年来形成了雄厚且均等的发展基础，一体化水平较高。比如上海市政府牵头成立的产业基金，首期2.55亿元，基地50多家，长三角城市科研机构和专家都能共享这一平台资源。在这样一个平台，整个长三角地区的科研机构都可以获得所需，这就是区域共享机制的基础和核心。基于这一共享机制，很多生物科技研发团队，50%的时间在上海产业基地利用优质的合作资源（GMP设施等）进行小规模生产试验，50%的时间在杭州做临床试验和中试工厂建设。京津冀三地各具科技产业优势，河北与京津两地虽差距较大但具有一定的互补性：北京科技实力雄厚但科技成果转化空间有限；河北空间广阔，科技资源却不如北京丰富。京津冀科技协同一体化潜力较大，可参考类似上海产业基地这种协同创新平台，将这种协同创新平台制度化、规模化，由北京牵头出台相应政策支持区域产学研合作，例如建立三地科技项目库、人才专家库、成果库的资源互动共享机制，完善三地科研基础设施、科学仪器设备、科学数据平台等科技资源的服务共享平台建设。在京津冀地区创新科技产业转移共享机制，通过区域间共享机制的建立形成 1+1+1>3 的良性协同发展局面。

7.4 完善税收政策，促进政务服务联动

7.4.1 中央财政引导，给予迁出企业、个人税收优惠政策

可考虑由中央牵头，通过设立科技转移专项基金，促进北京市科技产业及资源向周边区域有效有序转移。北京要充分发挥其优势，将自有优质资源分享给邻居，一方面可有序疏解非首都功能，解决首都"大城市病"，实现北京可持续发展，建立国际一流和谐宜居之都；另一方面也可发挥其科技中心的功能带动区域发展，在全国起到辐射周边地区发展的示范作用。京津冀协同发展作为国家战略，中央需认识到科技协同需要阶段性与战略性、短期与中长期的综合考虑。一方面需要产业政策引导和国家给予财政政策的阶段性支持。在科技产业转移过程中税源流失以及增值税征收方式等因素可能会一定程度影响迁出地的积极性，中央可就鼓励产业转移建立专门财政转移支付机制，以减轻迁出地税收流失的压力，提高三地科技协同发展的积极性。另一方面中央需考虑产业发展、环境改善、民生就业等多方面综合因素，为其发展创造必要的发展条件。河北作为主要

非核心功能的承接地，其基本公共服务能力是否达标，建议中央予以统筹协同，尽快完成非核心功能区的规划和建设，设立中央财政出资，京津参与的河北公共服务援助基金，为承接城市提供必要的技术、资金、人才援助，逐步缩小三地基本公共服务提供能力上的差距。

对于迁出企业在其增值税、企业所得税、个人所得税、土地增值税方面应给予适当税收优惠，例如迁出企业留存的库存商品、原材料等不要求其补缴增值税款，企业为转型升级而设立新项目购进新设备的，可享受固定资产加速折旧。如按照有关规定，个人取得的拆迁补偿款免征个人所得税；能提供相应证明文件的企业由于房地产被征用而取得的补偿收入免征土地增值税等。

7.4.2 财税政策引导三地定位、完善税收分享机制

在科技协同政策制定过程中应充分考虑三地发展水平及特征，明确符合当地特色的功能定位。北京强化科技中心和创新引领作用，建立以首都为核心的创新驱动发展引领区；天津强调体制机制创新，形成体制机制改革的先行区；河北重点在科技环境改善和科技产业承接。《京津冀发展报告（2021）》企业发展指数显示，无论是综合得分还是分项得分（企业活力、企业创新力、企业实力）北京区县均在前10位；而天津企业发展很不均衡，在三地44个市区县综合得分中，只有滨海新区、武清区进入前10，有6个区县落入后10位，尤其是企业实力分项排名中有9个区县落入后10位；河北综合水平处于中游，企业创新能力较弱[①]。为加大津冀非首都功能的疏解力度，需强有力的政策措施保障。例如：对首都功能核心区内的科技企业额外加征企业所得税，首都核心功能核心区企业就业人员积分落户倒减5分等政策，促进核心区企业向外疏解；天津重点在通过承接非首都功能，缓解滨海新区"一支独大"状况，促进天津科技企业的相对均衡发展；河北依托石家庄、唐山、廊坊、保定等重要节点城市，重点打造相关科技产业承接基地；通过合理政策引导，形成京津冀地区科技发展的合理梯度差。此外，相关产业园区可考虑类似的税收分享机制，对地方留成做进一步的划分，另外可考虑提高地方增值税和企业所得税的分享比例，并由三地按投资比例分享。

7.4.3 完善政务服务联动机制、提升跨区域服务效能

加强三地"放管服"改革力度，打造高效、便利的政务服务环境。首先要完

---

① 叶堂林，李国梁，等. 京津冀发展报告（2021）[M]. 北京：社会科学文献出版社，2021：46–63.

善区域政务服务联动机制。三地政府要紧紧围绕改革思路协同、权责清单协同、审批标准协同等目标，加强三地政府在行政审批各事项中的深度合作与交流，发现问题及时解决，全面推进已有协同改革成果在区域间的共享共用，逐步提升三地政府的协同治理效能。其次，三地政府要以"京津冀标准"对各地政务服务中心进行优化升级，促进三地政务服务平台一体化建设。最后，三地政府要发挥合力，最大限度地优化政务服务流程，利用大数据、云计算、区块链等先进互联网技术，加快推进政府跨区域协同治理时信息的互通互享。如新机场临空经济区地跨北京和河北两地，为了避免企业两地间来回跑税务，京冀税务部门依托电子网络平台，联手实现跨区域涉税事项报验管理无纸化，让企业真正体验到"一站式服务"的便利。

加强统筹规划，推进事项标准化工作。京津冀三地政府要协同发力，加快出台区域间"互联网+政务服务"的相关制度和法律文件，保障电子证照和电子签名等业务的有效落实。为了全面推进事项标准化工作，三地政府要在了解各项实际问题的基础上，对各个事项清单统筹规划、有序规范。对于个性化要素如单位名称、联系地址等不必统一，对同级同一事项其他要素必须实现全区域的统一。对于短期内难以实现统一的事项编制，各地政府要齐心协力，目标一致，做好集体攻关，有计划地进行清理完善，真正提高协同治理效能。为实现跨区域数据共享，推进线上线下深入融合，京津冀三地政府要加快推进跨地区、跨部门数据共享和系统对接，明确数据目录采集部门，避免多部门重复采集，做到"谁负责、谁采集"，在数据"一源多用"过程中明确数据来源，有效推进各地间政府部门的数据共享。为了更好实现线上和线下服务平台的深度融合，三地政府要构建好一体化政务服务体系，建设好综合实体政务服务大厅，为线上政务服务平台创设强有力的后台保障。各地联合构建"一网通办"畅通运行的高效服务联动机制，打造线上线下标准化管理体系，减少区域间差别服务，增强有效对接，从而为跨地域、跨层级、跨业务的政府间协同管理做好平台保障。

此外，为了打破区域间政务服务水平不均衡状态，京津冀三地政府要学习并推广各地先进的政务服务创新模式，以点带面达到优化整体政务服务环境的目的。例如，天津河北区重视企业发展，在全力提升政府行政审批服务效能时，创新使用了"首问负责制"。这种创新做法通过打造联合办公模式，使得企业只要联系到政府的一个部门，就相当于联系到政府的所有部门，为其办理业务节省了不少时间成本和经济成本。例如，为了解决外来企业落地天津的众多顾虑，河北区政府会以高效率服务模式主动帮助企业了解相关政策，协调解决好企业在市场准入、项目实施过程中遇到的各种困惑，大大减少了审批流程，提高了办事效率，让企业有更多的精力投入创新研发，形成了自由创新、充满活力的良好营商氛围。这种政务服务创新模式的形成为京津冀其他地区树立了典型模范，三地政府要互相借鉴、加强沟通，以合作共赢的区域意识凝聚协同治理合力，全力提升政务服务的总体水平。对于不同类型市场主体反映的政务服务不均衡问题，尤其针对中小微企业，三地政府要根据特定群体制定更加个性化的政务服务措施，推进"一企一策"，提高改革精准性，以协同治理效能的提升来促进各地政务服务全面均衡发展。

参 考 文 献

[1] 安树伟.京津冀协同发展战略的调整与政策完善[J].河北学刊,2022(2):159-169.

[2] 安树伟."十二五"时期的中国区域经济[M].北京:经济科学出版社,2011:17-23.

[3] 白永亮,汪建,赵立军,王琳琳.科技资源、交易效率与区域创新能力差异:2011年~2018年湖北省地级市面板数据实证分析[J].华中师范大学学报(自然科学版),2021(10):1-12.

[4] 边晓慧,张成福.府际关系与国家治理:功能、模型与改革思路[J].中国行政管理,2016(5):14-18.

[5] 蔡英辉,耿弘.步入法政文明的中国横向府际关系探究——以多元省部级政府间关系为例[J].中共浙江省委党校学报,2007(5):29-33.

[6] 曹堂哲.政府跨域治理的缘起、系统属性和协同评价[J].经济社会体制比较,2013(5):117-127.

[7] 陈丛波,叶阿忠.数字经济、创新能力与区域经济韧性[J].统计与决策,2021(17):10-15.

[8] 陈建军.区域协同治理的体制困境与模式选择[J].探索与争鸣,2020(10):14-16.

[9] 陈劲.如何进一步提升中国企业创新能力?[J].科学学研究,2012(30):1762-1763.

[10] 陈立,蒋艳秋.财税政策、融资约束与创新绩效——基于科技型中小企业的实证研究[J].重庆理工大学学报(社会科学),2021(4):112-121.

[11] 陈硕.分税制改革、地方财政自主权与公共品供给[J].经济学(季刊),2010(4):1427-1446.

[12] 陈硕,高琳.央地关系:财政分权度量及作用机制再评估[J].管理世界,2012(6):43-59.

[13] 陈秀山,张可云.区域经济理论[M].北京:商务印书馆,2010:229-251.

[14] 陈旭东,靳彤,赵苪琳.京津冀协同发展中京津科技合作的经验与对策研究[J].理论与现代化,2019(4):105-128.

[15] 陈艳春,韩伯棠.绿色技术溢出与中国区域经济增长值[M].北京:科学出版社,2013:54-60.

[16] 陈钊,陆铭,金煜.中国人力资本和教育发展的区域差异:对于面板数据的估算[J].世界经济,2004(12):25-31.

[17] 陈智国,张文松.跨区域产业集群协同创新测度研究——基于京津冀区域协作的实证分析[J].求索,2017(7):80-85.

[18] 丛亮.深入学习贯彻习近平总书记重要讲话和指示批示精神 有力有序有效推动京津冀协同发展[J].宏观经济管理,2022(1):1-5.

[19] 丁鼎,高强,李宪翔.我国城市营商环境建设历程及评价——以36个省会城市、直辖市及计划单列市为例[J].宏观经济管理,2020(1):55-66.

[20] 丁刚,胡联升,严维青.我国省域人口安全水平的现状评价与空间相关性分析——基于GCPA模型和Moran's I统计量[J].电子科技大学学报(社会科学版),2011(2):23-26.

[21] 董江爱,梁俊山.政府职能转变视角下的资源型地区营商环境优化路径研究——以山西省为例[J].中国行政管理,2020(5):20-25.

[22] 樊纲,王小鲁.中国市场化指数——中国各地区市场化相对进程报告[M].北京:经济科学出版社,2012:24-37.

[23] 范斐,杜德斌,游小珺等.基于能力结构关系模型的区域协同创新研究[J].地理科学,2015(1):67-74.

[24] 傅勇,张晏.中国式分权与财政支出结构偏向:为增长而竞争的代价[J].管理世界,2007(3):4-12,22.

[25] 谷建全.科技创新是区域经济发展的根本动力[J].区域经济论,2014(3):103-105.

[26] 郭雪萌,王志刚.高新区与区域经济协同发展的机理分析及实证研究[J].东岳论丛,2021(5):33-46.

[27] 郭燕芬,柏维春.营商环境建设中的政府责任:历史逻辑、理论逻辑与实践逻辑[J].重庆社会科学,2019(2):6-16.

[28] 郭燕芬.营商环境协同治理的结构要素、运行机理与实现机制研究[J].当代经济管理,2019(12):13-21.

[29] 何磊.京津冀跨区域治理的模式选择与机制设计[J].中共天津市委党校学报,2015(6):86-91.

[30] 赫尔曼·哈肯.协同学[M].上海:上海世纪出版社,2005:12-25.

[31] 洪扬, 王佃利. 京津冀协同治理对区域污染排放的影响研究——基于双重差分模型的实证分析 [J]. 软科学, 2021 (7): 51-58.

[32] 贾晓俊. 北京"高精尖"产业亟需财税政策支持 [J]. 人民论坛, 2018 (16): 120-121.

[33] 蒋海军. 科技园区推动区域协同创新研究——以中关村科技园区为例 [J]. 中国特色社会主义研究, 2016 (3): 36-41.

[34] 李柏洲, 靳娜莉. 创造高新技术企业成长系统 [J]. 学术交流, 2003 (12): 65-69.

[35] 李宝山, 钱明辉. 论知识增值机制 [J]. 山西财经大学学报, 2003 (12): 20-23.

[36] 李国平, 宋昌耀. 京津冀区域空间结构优化策略研究 [J]. 河北学刊, 2019 (1): 137-145.

[37] 李金海, 崔杰, 刘雷. 基于协同创新的概念性结构模型研究 [J]. 河边工业大学学报, 2013 (1): 112-118.

[38] 李京文, 李剑玲. 京津冀协同创新发展比较研究 [J]. 经济与管理, 2015 (2): 13-17.

[39] 李素梅, 黄衍枝. 京津冀区域金融结构与技术创新协同发展研究——基于复合系统协调度模型 [J]. 科技管理研究, 2017 (17): 99-108.

[40] 李伟铭, 崔毅, 陈泽鹏, 王明伟. 技术创新政策对中小企业创新绩效影响的实证研究——以企业资源投入和组织激励为中介变量 [J]. 科学学与科学技术管理, 2008 (9): 61-65.

[41] 李晓琳, 李星坛. 高水平推动京津冀协同创新体系建设 [J]. 宏观经济管理, 2022 (1): 60-67.

[42] 厉以宁. 中国经济双重转型之路 [M]. 北京: 中国人民大学出版社, 2014: 1-5.

[43] 梁琦, 肖素萍, 李梦欣. 数字经济发展、空间外溢与区域创新质量提升——兼论市场化的门槛效应 [J]. 上海经济研究, 2021 (9): 44-56.

[44] 梁微. 营商环境优劣是评价政府治理效能重要依据 [N]. 吉林日报, 2018-11-16.

[45] 林尚立. 国内政府间关系 [M]. 杭州: 浙江人民出版社, 1998: 56-88.

[46] 林哲. 促进小微企业科技创新的财税政策与配套措施 [J]. 税务研究, 2019 (4): 110-113.

[47] 刘秉镰, 孙哲. 京津冀区域协同的路径与雄安新区改革 [J]. 南开学

报（哲学社会科学版），2017（4）：12-21.

［48］刘冬梅，王书华，毕亮亮，龙开元. 科技创新与中国战略性区域发展［M］. 北京：中国发展出版社，2014：189-192.

［49］刘凤朝. 国家创新能力测度方法及其应用［M］. 北京：科学出版社，2009：33-37.

［50］刘琼，郭俊华. 科技公共服务效率对区域创新能力的影响——基于省级动态面板数据的 GMM 分析［J］. 科技管理研究，2021（15）：109-116.

［51］刘秀杰，万成伟，叶裕民. 京津冀协同发展的制度困境与对策建议——以通州与北三县协同发展为例［J］. 城市发展研究，2019（11）：5-10.

［52］娄成武，张国勇. 治理视阈下的营商环境：内在逻辑与构建思路［J］. 辽宁大学学报（哲学社会科学版），2018（2）：59-65.

［53］卢文超. 区域协同发展下地方政府的有效合作意愿——以京津冀协同发展为例［J］. 甘肃社会科学，2018（2）：201-208.

［54］鲁继通. 京津冀区域协同创新能力测度与评价基于复合系统协同度模型［J］. 科技管理研究，2015（4）：165-171.

［55］吕学朋，李崇光. 政府政策支持与中小企业发展关系研究［J］. 商业研究，2001（7）：25-26.

［56］马宝林，王一寒，张煜，安锦. 国家财政、产业创新与区域协调发展研究——来自有调节的多重中介效应模型的证据［J］. 宏观经济研究，2021（9）：99-110.

［57］马海龙. 京津冀区域治理协调机制与模式［M］. 南京：东南大学出版社，2014：13-16.

［58］马永军，彭宏，李逸飞. 企业家背景、财税政策与企业创新——来自中关村科技园的 FsQCA 分析［J］. 财经论丛，2020（11）：23-32.

［59］迈克尔·吉本斯等. 知识生产的新模式［M］. 北京：北京大学出版社，2011：49-58.

［60］努力推动京津冀协同发展迈上新台阶取得新成效［J］. 宏观经济管理，2022（1）：8-10.

［61］欧变玲，龙志和，林光平. 空间经济计量滞后模型 Moran 检验的渐近分布［J］. 管理科学学报，2011（12）：79-86.

［62］彭忠益，柯雪涛. 中国地方政府间竞争与合作关系演进及其影响机制［J］. 行政论坛，2018（5）：92-98.

［63］邵云飞，谭劲松. 区域技术创新能力形成机理探析［J］. 管理科学学报，2006（6）：5-15.

[64] 申嫦娥,张博雅,田悦.财税政策、企业战略对科技创新影响的实证检验 [J].统计与决策,2019 (21):182-185.

[65] 申桂萍,吕晓静,张贵.基于创新生态视角的京津冀协同创新共同体建设研究 [J].河北师范大学学报 (哲学社会科学版),2019 (5):24-29.

[66] 盛彦文,苟倩,宋金平.城市群创新联系网络结构与创新效率研究——以京津冀、长三角、珠三角城市群为例 [J].地理科学,2020 (11):1831-1839.

[67] 施雪华,方盛举.中国省级政府公共治理效能评价指标体系设计 [J].政治学研究,2010 (2):56-66.

[68] 史霞.治理视域下的区域地方政府间合作探析 [J].河北大学学报 (哲学社会科学版),2020 (6):122-128.

[69] 斯蒂格利茨.政府为什么干预经济:政府在市场经济中的角色 [M].北京:中国物资出版社,1998:29-67.

[70] 苏文松,方创琳.京津冀城市群高科技园区协同发展动力机制与合作共建模式——以中关村科技园为例 [J].地理科学进展,2017 (6):657-666.

[71] 孙久文,姚鹏.京津冀产业空间转移、地区专业化与协同发展 [J].南开学报 (哲学社会科学版),2015 (1):88-89.

[72] 孙丽文,张蝶,李少帅.京津冀协同创新能力测度及评价 [J].经济与管理,2018 (3):12-16.

[73] 孙瑜康,李国平.京津冀协同创新水平评价及提升对策研究 [J].地理科学进展,2017 (1):78-86.

[74] 孙瑜康,李国平.京津冀协同创新中北京辐射带动作用的发挥效果与提升对策研究 [J].河北经贸大学学报,2021 (5):78-84.

[75] 陶希东.跨界治理:中国社会公共治理的战略选择 [J].学术月刊,2011 (8):22-29.

[76] 万坤扬,陆文聪.中国技术创新区域变化及其成因分析——基于面板数据的空间计量经济学模型 [J].科学学研究,2010 (10):158-159.

[77] 王得新.我国区域协同发展的协同学分析——兼论京津冀协同发展 [J].河北经贸大学学报,2016 (3):96-101.

[78] 王奋.中国科技人力资源区域集聚的理论与实证研究 [M].北京:北京理工大学出版社,2008:47-49.

[79] 王俊敏,沈菊琴.跨域水环境流域政府协同治理:理论框架与实现机制 [J].江海学刊,2016 (5):214-219.

[80] 王俊松.中国制造业空间格局与企业生产率研究 [M].上海:华东师范大学出版社,2012:60-68.

[81] 王浦劬. 国家治理、政府治理和社会治理的含义及其相互关系 [J]. 国家行政学院学报, 2014 (3): 11-17.

[82] 王乔, 黄瑶妮, 张东升. 支持科技成果转化的财税政策研究 [J]. 当代财经, 2019 (7): 28-36.

[83] 王庆金, 马伟, 马浩. 区域协同创新平台体系研究 [M]. 北京: 中国社会科学出版社, 2014: 18-24.

[84] 王锐淇, 张宗益. 区域创新能力影响因素的空间面板数据分析 [J]. 科研管理, 2010 (3): 17-21.

[85] 王志宝, 孙铁山, 李国平. 区域协同创新研究进展与展望 [J]. 软科学, 2013 (1): 1-9.

[86] 魏峰, 江永红. 安徽省中小企业技术创新效率的评价及影响因素分析 [J]. 中国科技论坛, 2012 (8): 100-106.

[87] 魏娜, 孟庆国. 大气污染跨域协同治理的机制考察与制度逻辑——基于京津冀的协同实践 [J]. 中国软科学, 2018 (10): 79-92.

[88] 邬滋. 集聚结构、知识溢出与区域创新绩效——基于空间计量的分析 [J]. 山西财经大学学报, 2010 (3): 15-22.

[89] 吴卫红, 冯兴奎, 张爱美, 唐方成. 跨区域协同创新系统绩效测度与优化研究 [J]. 科研管理, 2021 (10): 1-16.

[90] 谢果, 李凯, 叶龙涛. 国家级新区的设立与区域创新能力——来自70个大中城市面板数据的实证研究 [J]. 华东经济管理, 2021 (10): 48-58.

[91] 谢泗薪, 胡伟. 经济高质量发展与科技创新耦合协调: 以京津冀地区为例 [J]. 统计与决策, 2021 (14): 93-96.

[92] 熊焰, 杨博旭. 双重网络嵌入、制度环境与区域创新能力 [J]. 科研管理, 2021 (10): 1-18.

[93] 许爱萍. 区域科技创新人才聚集驱动要素分析——以京津冀为例 [J]. 科技与经济, 2014 (6): 81-85.

[94] 许洁. 促进科技型中小企业发展的财税政策分析 [J]. 中国科技论坛, 2004 (1): 80-84.

[95] 许正中, 王德花. 科技财政绩效与创新驱动战略 [M]. 北京: 中国财政经济出版社, 2014: 29-33.

[96] 杨骞, 刘鑫鹏, 孙淑惠. 中国科技创新效率的区域差异及其成因识别——基于重大国家区域发展战略 [J]. 科学学研究, 2021 (10): 1-14.

[97] 杨涛. 营商环境评价指标体系构建研究——基于鲁苏浙粤四省的比较分析 [J]. 商业经济研究, 2015 (13): 28-31.

[98] 殷阿娜, 邓思远. 京津冀绿色创新协同度评估及影响因素分析 [J]. 工业技术经济, 2017 (5): 52-60.

[99] 俞惠煜, 廖明, 唐亚林. 长三角经济社会协同发展与区域治理体系优化 [M]. 上海: 复旦大学出版社, 2014: 5-7.

[100] 袁南歌子. 科技创新的财税激励政策研究——评《科技创新与财税政策》[J]. 财经科学, 2021 (2): 133-134.

[101] 苑清敏, 谭欣. 京津冀高技术制造业协同发展研究 [J]. 华东经济管理, 2022 (3): 72-81.

[102] 臧雷振, 翟晓荣. 区域协同治理壁垒的类型学分析及其影响——以京津冀为例 [J]. 天津行政学院学报, 2018 (5): 29-37.

[103] 詹姆斯·马奇. 马奇论管理 [M]. 北京: 东方出版社, 2010: 76-83.

[104] 张成福, 李昊城, 边晓慧. 跨域治理: 模式, 机制与困境 [J]. 中国行政管理, 2012 (3): 102-109.

[105] 张钢, 徐乾. 知识集聚与区域创新网络 [M]. 北京: 科学出版社, 2010: 17-25.

[106] 张贵, 王树强. 基于产业对接与转移的京津冀协同发展研究 [J]. 经济与管理, 2014 (4): 14-20.

[107] 张建国. 加快构建京津冀协同创新共同体 [J]. 经济与管理, 2015 (1): 11-12.

[108] 张满银, 全荣. 京津冀区域协同发展评估 [J]. 统计与决策, 2020 (4): 72-76.

[109] 张美涛. 知识溢出、城市集聚与中国区域经济发展 [M]. 北京: 社会科学文献出版社, 2013: 170-175.

[110] 张强, 彭文英. 从集聚到扩散新时期北京城乡区域发展格局研究 [M]. 北京: 经济科学出版社, 2012: 8-13.

[111] 赵大平. 政府激励、高科技企业创新与产业结构调整 [M]. 北京: 中国经济出版社, 2012: 98-101.

[112] 赵建吉, 曾刚. 创新的空间测度: 数据与指标 [J]. 经济地理, 2009 (8): 1250-1255.

[113] 赵立民. 梯度推移与区域经济和谐发展 [N]. 光明日报, 2006-07-09.

[114] 赵峥, 李粉. 跨区域治理与政府合作: 经验、挑战与对策 [J]. 重庆理工大学学报 (社会科学), 2020 (8): 1-6.

[115] 郑万腾, 赵红岩. 数字金融发展能驱动区域技术创新收敛吗?——来

自中国284个城市的经验证据[J]. 当代经济科学, 2021 (10): 1-14.

[116] 周剑. 外资技术溢出机制分析与实证检验[M]. 北京: 经济管理出版社, 2008: 31-32.

[117] 周灵玥, 彭华涛. 中心城市对城市群协同创新效应影响的比较[J]. 统计与决策, 2019 (11): 98-101.

[118] 朱有为, 徐康宁. 中国高技术产业研发效率的实证研究[J]. 中国工业经济, 2006 (11): 38-44.

[119] 祝尔娟, 何晶彦. 京津冀协同创新水平测度与提升路径研究[J]. 河北学刊, 2020 (2): 137-144.

[120] 庄涛. 京津冀协同创新关系: 主体协同与空间关联[J]. 科学学与科学技术管理, 2021 (12): 35-48.

[121] Andrews R W, Boyne G A, Law J, et al. External Constraints on Local Service Standards: The Case of Comprehensive Performance Assessment in English Local Government [J]. Public Administration, 2005, 83 (3): 639-656.

[122] Anselin, L. Spatial Econometrics: Methods and Models [M]. Dordrecht: Kluwer Academic, 1988: 261-267.

[123] Anselin, L. The Moran Scatterplot as an ESDA Tool to Assess Local Instability in Spatial Association in Fischer, M. H. Scholten, and D. Unwin, Spatial Analytical Perspectives on GIS London [M]. UK: Taylor and Francis, 1996: 168-173.

[124] Arantes V, Zou C, Che Y. Coping with waste: A government-NGO collaborative governance approach in Shanghai [J]. Journal of Environmental Management, 2019, 25 (9): 109-114.

[125] Asheim B T, Isaksen A. Location agglomeration and innovation: Towards regional innovation systems in Norway [J]. Europe Planning Studies, 1997, 3: 299-330.

[126] Aution E. Evaluation of RTD in Regional Systems of Innovation [J]. European Planning Studies, 1998, 2: 131-140.

[127] Baldwin J, Chesser D. An approach to integrating accounting courses [J]. Journal of Accounting Education, 2003, 2 (21): 101-126.

[128] Barro R. Government Spending in a Simple Model of Endogenous Growth [J]. Journal of Political Economy, 2001, 98: 103-125.

[129] Battese, G. E., Coelli, T. J. A Model for Technical Inefficiency Effects in a Stochastic Frontier Production Function for Panel Data [J]. Empirical Economics, 1995, 20: 325-332.

[130] Bellandim, Caloff A. An Analysis of Regional Policies Promoting Networks for Innovation [J]. European Planning Studies, 2010, 27: 24 – 28.

[131] Carlsson Y. Learning about innovation through networks: the development of environment—friendly viticulture [J]. Technovation, 2002, 2: 233 – 245.

[132] Carmen D, Marius C. Management of Agility Process for Surviving in The Competitive Business Environment [C]. Balkan Region Conference on Engineering and Business Education, 2014: 98 – 125.

[133] Chesbrough H, Vanhaverbeke W, West J. Open Innovation: Researching a New Paradigm [M]. Oxford: Oxford University Press, 2006: 358 – 362.

[134] Chesbrough H W. Open Innovation [M]. Boston: Harvard Business School Press, 2003: 213 – 217.

[135] Christiane H, Ricarda B, Bouncken, B. Intellectual Property Protection in Collaborative Innovation Activities within Services [J]. International Journal of Services Technology and Management, 2009, 3: 273 – 296.

[136] Collins Jannette. Medical education research: Challenges and opportunities [J]. Radiology, 2006, 3 (24) 639 – 647.

[137] Connolly M. The Dual Nature of Trade: Measuring Its Impact on Imitation and Growth [J]. Journal of Development Economics, 2003, 72: 31 – 55.

[138] Cooke P. Introduction Origins of the Concept [J]. Regional Innovation Systems the Role of Governances in A Globalized Wold, 2009, 4: 24 – 29.

[139] Cooke, P. Regional Innovation System: General Findings and Some New Evidence from Biotechnology Clusters [J]. Journal of Technology Transfer, 1992, 27: 133 – 145.

[140] Cooke P. Regional Innovation Systems, Clean Technology & Jacobian Cluster – Platform Policies [J]. Regional Science Policy & Practice, 2008, 1 (1): 1 – 8.

[141] David, Starrett. Market allocations of location choice in a model with free mobility [J]. Journal of Economic Theory, 1978, 6: 47 – 59.

[142] Dubberly H. Toward a model of innovation [J]. Interactions, 2008, 1: 28 – 34.

[143] Duin H, Jaskov J, Hesmer A. Thoben K – D. Towards a framework for collaborative innovation [M]. Boston: Springer, 2008, 27: 193 – 204.

[144] Edquist C. The Systems of Innovation Approach and Innovation Policy: An Account of the State of the Art [J]. Technology in Society, 1997, 21: 63 – 79.

[145] Elhorst, J. P. Specification and Estimation of Spatial Panel Data Models

[J]. International Regional Science Review, 2003, 26: 244 -267.

[146] Escaleras M, Chiang E P. Fiscal decentralization and institutional quality on the business environment [J]. Economics Letters, 2017, 1 (59): 161 -163.

[147] Etzkowita H. The triple helix: University-industry-government innovation in action [J]. London and New York: Routledge, 2009, 2: 12 -14.

[148] Eva M Mora - Valentin, Angeles Montoro - Sanchez, Luis A Guerras - Martin. Determining factors in the success of R&D cooperative agreements between firms and research organizations [J]. Research Policy, 2004, 1 (33): 17 -40.

[149] Fazackerley A, Smith M, Massey A. Innovation and Industry: The Role of Universities [J]. Policy Exchangge, 2009, 21: 362 -371.

[150] Frank Moulaert, Farid Sekia. Territorial Innovation Models: A Critical Survey [J]. Regional Studies, 2003, 37 (3): 289 -302.

[151] Freeman C. Technology and Econcmic Performance Lessons from Japan [M]. London: Pinter Publishers, 1987: 29 -96.

[152] Griliches, Z. The Inconsistency of Common Scale Estimators When Output Prices are Unobserved and Endogenous [J]. Journal of Applied Econometrics, 1996, 4: 89 -95.

[153] Haken H. Synergetics: An Introduction [M]. Berlin: Spring - Verlag, 1983: 145 -152.

[154] Harring N, Ronnerstrand B. Government effectiveness, regulatory compliance and public preference for marine policy instruments—An experimental approach [J]. Marine Policy, 2016, 71 (9): 106 -110.

[155] Henderson, J. V. Will Homeowners Impose Property Taxes [J]. Regional Science and Urban Economics, 1995, 25: 153 -181.

[156] Hermann Haken. Synergetics - An Introdution [M]. Springer - Verlag: West Germany, 1977: 23 -34.

[157] Jaffe A B. The Importance of Spillovers in the Policy Mission of Advanced Technology Program [J]. Journal of Technology Transfer, 1998, 2: 11 -19.

[158] James A Euchner. R&D in Transition [J]. Research Technology Management, 2010, 6 (53): 9 -10.

[159] Kavita Mehra. Indian system of innovation in biotechnology—a case study of cardamom [J]. Technovation, 2001, 21: 15 -23.

[160] Kolasinski T W. Postcolonial Sub - Saharan State and Contemporary General Business Environment. Selected Issues [J]. Journal of Management and Business Ad-

ministration Central Europe, 2015, 2: 39 – 48.

[161] Kumbhakar, S. C., Lovell C. Stochastic Frontier Analysis [M]. New York: Cambridge University Press, 2000: 413 – 419.

[162] Lawrence E. Whitman, Danny Santanu, Hervé Panetto. An enterprise model of interoperability [J]. IFAC – Papers OnLine, 2006, 3 (39): 609 – 614.

[163] Lucas R E. On the Mechanics of Economic Development [J]. Journal of Monetary Economics, 1988, 1: 3 – 42.

[164] Malecki E J. Federal R and D Spending in the United States of America: some impacts onmetropolitan economics Regional Studies [J]. Technovation, 1982, 16: 19 – 35.

[165] Malmberg A, Maskell P. Towards an explanation of regional specialization and industry agglomeration [J]. European Planning Studies, 1997, 1 (5): 25 – 41.

[166] Markus Perkmann, Andy Neely and Kathryn WaJsh. How should firms evaluate success in university-industry alliances? A performance measurement system [J]. R&D Management, 2011, 9: 36 – 45.

[167] Moran, P. A. P. Notes on Continuous Stochastic Phenomena [J]. Biometrika, 1950, 37: 445 – 462.

[168] Neelankavil J P, Alaganar V T. Strategic Resource Commitment of High—technology Firms an International Comparison [J]. Journal of Business Research, 2003, 6: 493 – 502.

[169] Pedersen P O. Innovation diffusion within and between national urban systems [J]. Geographical Analysis, 1970 (2): 203 – 254.

[170] Pinto H, Guerreiro J. Innovation regional planning and latent dimensions: the case of the Algarve region [J]. Annals of Regional Science, 2010, 44 (2): 315 – 329.

[171] Piotr Plewa. The Rise and Fall of Temporary Foreign Worker Policies: Lessons for Poland [J]. International Migration, 2007, 2 (45): 3 – 36.

[172] Porter M, Stern S. Measuring the "Ideas" Production Function: Evidence from International Patent Output [J]. Nber Working Papers, 2000, 3: 17 – 24.

[173] Romer P. Endogenous Technological Change [J]. Journal of Political Economy, 1990, 98: 71 – 102.

[174] Romer P. Increasing Return and Long – Run Growth [J]. Journal of Political Economy, 1986, 94: 1002 – 1026.

[175] Saxenian A L. Regional Advantage: Culture and Competition in Silicon

Valley and Route 128 [M]. Cambridge: Harvard University Press, 1996.

[176] Scott A J. Regions and Word Economy, the Coming Shape of Global Production, Comepetition and Political Order [M]. New York: Oxford University Press, 1998: 237 – 241.

[177] Sheri M, Markose. Novelty in complex adaptive systems (CAS) dynamics: A computational theory of actor innovation [J]. Physica A, 2004, 34: 41 – 49.

[178] Sonia M, Ospina. Collective Leadership and Context in Public Administration: Bridging Public Leadership Research and Leadership Studies [J]. Public Administration Review, 2016, 77 (2): 45 – 52.

[179] Sullivan H, Williams P, Jeffares S. Leadership for Collaboration [J]. Public Management Review, 2012, 14 (1): 41 – 66.

[180] Temela T, Janssen W, Karimov F. Systems analysis by graphtheoretical techniques: Assessment of the agricultural innovation system of Azerbaijan [J]. Agricultural Systems, 2003, 77: 91 – 116.

[181] Tidd J, Izummoto Y. Knowledge exchange and learning through international joint ventures [J]. Techovation, 2001, 3: 56 – 71.

[182] Toshihiro K. The role of intermediation and absorptive capacity in facilitating university-industry linkages—An empirical study of TAMA in Japan [J]. Research Policy, 2008, 4: 28 – 36.

[183] Wiig H. What comprises a regional innovation system? An empirical study, Regional Association Conference [J]. Regional Futures, 1995, 5: 6 – 9.

[184] Witkowska, Janina. Foreign Direct Investment in the Changing Business Environment of the European Union's New Member States [J]. Global Economy Journal, 2007, 7 (4): 17 – 26.

[185] Yang K, Hsieh J Y. Managerial Effectiveness of Government Performance Measurement: Testing a Middle Range Model [J]. Public Administration Review, 2007, 67 (5): 861 – 879.

[186] Zhao S L, Cacciolatti L, Lee S H, et al. Regional collaborations and indigenous innovation capabilities in China: A multivariate method for the analysis of regional innovation systems [J]. Technological Forecasting & Social Change, 2015, 94: 202 – 220.

后　　记

　　2014年京津冀协同发展上升为国家战略，我们深知这是一个构建区域协同发展新格局的历史抉择，这是一道事关国家发展大战略的时代命题。五年来，我带领研究团队就京津冀科技协同发展问题开展了十余次调研，足迹遍及京津冀多个城市，组织了几十次专题研讨。我们不断提出新的想法，又反复否定、推翻这些想法，再次提出新的想法，循环往复，并最终将近年来的研究成果汇聚整理形成此书。行文至此，本书也将付梓出版。

　　数往知来，竿头日进。从谋篇布局的"大写意"到今天精耕细作的"工笔画"，同靠燕山脉，共饮滦河水的京畿大地正在深刻改变。北京持续加强与天津、河北两省市的协同联动，推动雄安新区和城市副中心"两翼"联动发展，以中关村为首带动京津冀区域科技创新升级、形成产业集群优势。天津用"一盘棋"抓住承接北京非首都功能疏解这个"牛鼻子"，吸引大量优秀人才和科技企业落户促进科技创新协同发展，以滨海—中关村科技园区为首科技创新动能持续增强，创新示范作用更加凸显，正在成长为区域高质量发展的新引擎，打破"一地一域"局限和声唱响京津"双城记"，同时积极对接服务雄安新区。河北以雄安新区为首在科技协同上积极作为，主动融入科技协同发展大格局的一个缩影。全力打造承接平台，从京津产业承接中汲取新优势，在优化分工中集聚新动能，成为河北承接京津产业的前沿阵地，借力京津资源重构产业发展新版图。京津冀14个国家级科技园区成立优化营商环境联盟，税务部门推出19项举措推进三地税收征管一体化和办税便利化。8年来，"一盘棋"的观念牢固树立，"一家人"的情感不断升华。地相接、水相连、人相亲。京津冀三地历史渊源深厚，从"花开三朵，各表一枝"，到"瓣瓣不同，却瓣瓣同心"，如今更是在协同发展国家战略中肩并肩、手挽手，以最美姿态共绘新时代的"千里江山图"。

　　京津冀协同发展战略实施以来取得显著成效，未来京津冀将建设全球领先的技术创新高地、协同创新先行区、创新创业示范城、智能制造示范区，将发挥北京"一核"辐射带动作用和科技创新、数字经济资源优势，以氢能、智能网联汽车、工业互联网等产业为突破口，推动创新链产业链供应链联动，加速科技赋能津冀传统产业，协同推进数字化、科技化、智能化、绿色化改造升级。京津冀科技协同创新发展的高质量发展画卷已铺展开来，协同发展向着更深更广全面加速推进。

陈旭东　王　誉
2022 年 10 月 7 日